PONS

Verbtabellen Neugriechisch

Übersichtlich und umfassend

von
Eleni Salzmann
Konstantin Klein

Ernst Klett Sprachen
Barcelona • Belgrad • Budapest • Ljubljana • London • Posen
Prag • Sofia • Stuttgart • Zagreb

PONS
Verbtabellen Neugriechisch
Übersichtlich und umfassend

von
Eleni Salzmann
Konstantin Klein

1. Auflage A1 5 4 3 2 / 2008 2007 2006

Internet: www.pons.de
E-Mail: info@pons.de

Redaktion: Maria Malamatou, Antje Wollenweber
Logoentwurf: Erwin Poell, Heidelberg
Logoüberarbeitung: Sabine Redlin, Ludwigsburg
Einbandgestaltung: deutschewerbeagentur
Titelfoto: Vlado Golub, Stuttgart
Layout/Satz: Fotosatz Kaufmann, Stuttgart
Druck: Druckerei zu Altenburg, Altenburg
Printed in Germany.
ISBN10: 3-12-561160-1
ISBN13: 978-3-12-561160-3

Inhalt

So benutzen Sie dieses Buch

Sie wollen sich die Formen eines bestimmten Verbs einprägen und dabei auf Besonderheiten und Unregelmäßigkeiten aufmerksam gemacht werden, Sie möchten aber auch eine seltene Verbform gezielt nachschlagen können.
Die PONS Verbtabellen Neugriechisch bieten Ihnen übersichtliche Konjugationstabellen zu 80 regelmäßigen und unregelmäßigen Musterverben. Diese Konjugationsmuster zeigen Ihnen alle Formen – auch die zusammengesetzten – auf einen Blick; auf Besonderheiten wird durch farbliche Hervorhebung und praktische Faustregeln hingewiesen.

Aufbau der Konjugationstabellen

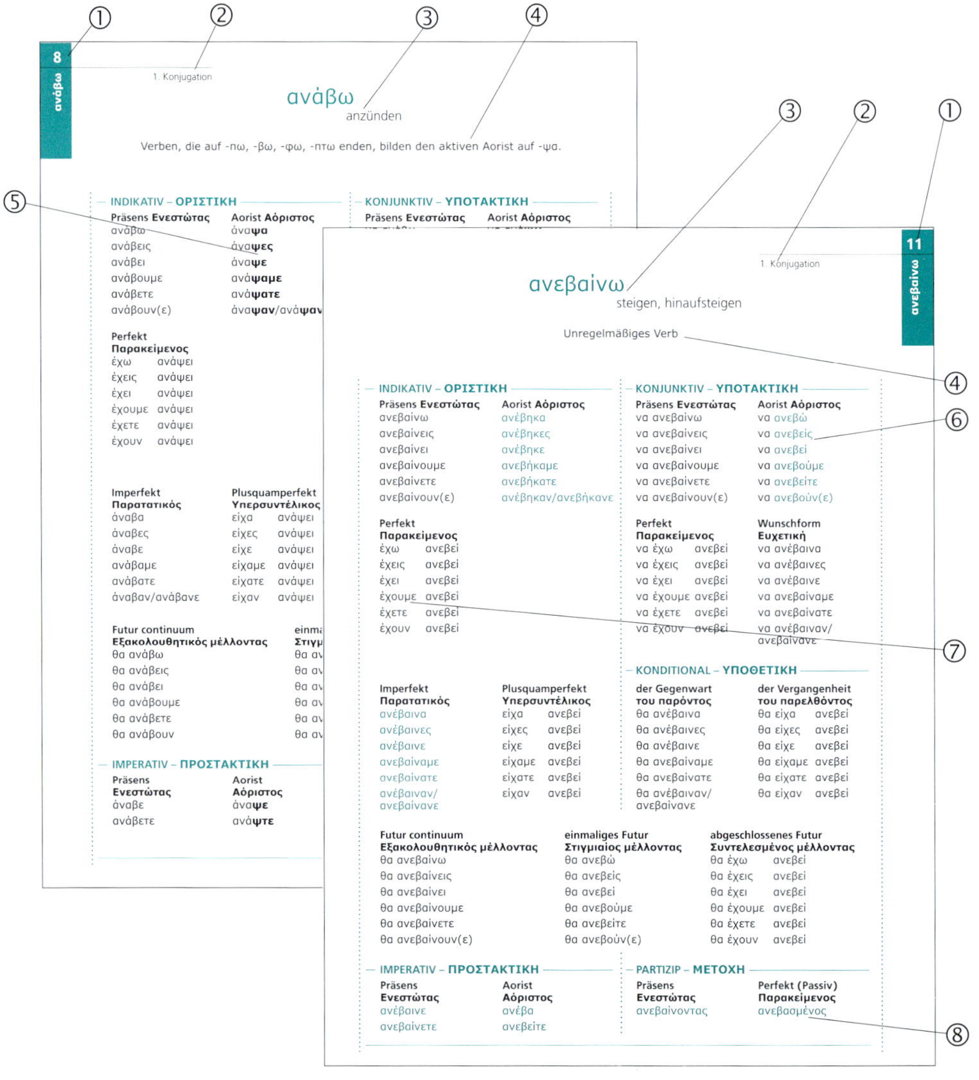

① Konjugationsnummer: Mit Hilfe dieser Nummer lassen sich alle in der alphabetischen Verbliste aufgeführten Verben dem jeweils entsprechenden Konjugationsmuster zuordnen.

② Konjugationsgruppe: Gibt an, zu welcher der zwei neugriechischen Verbgruppen das Musterverb gehört.

1. Konjugation	2. Konjugation
Aktiv: Verben auf **-ω**	Aktiv: Verben auf **-ώ**
Passiv: Verben auf **-ομαι**	Passiv: Verben auf **-ούμαι**, **-ιέμαι**

③ Musterverb mit Übersetzung: Verb, das exemplarisch für alle ähnlichen Verben (mit gleicher Konjugationsnummer) steht.

④ Kurzcharakteristik: Merksatz zu den Besonderheiten/Unregelmäßigkeiten des Konjugationsmusters.

⑤ Markierung der Endungen: Bei den regelmäßigen Musterverben sind die Endungen – Kennzeichen dieser Verbgruppen – fett hervorgehoben.

⑥ Farbliche Hervorhebung: Bei den unregelmäßigen Verben sind alle Formen grün hervorgehoben, die vom regelmäßigen Konjugationsschema abweichen.

⑦ Verzicht auf abweichende Formen bei den Hilfsverben: Aus Gründen der Übersichtlichkeit wurden bei den zusammengesetzten Zeiten die Nebenformen des Hilfsverbs *έχω* nicht aufgeführt (*έχουμε δέσει* anstatt *έχουμε/έχομε δέσει*).

⑧ Verzicht auf weibliche und sächliche Formen: Zur besseren Übersichtlichkeit wurden beim Partizip Perfekt Passiv die weiblichen und sächlichen Formen weggelassen (*δεμένος* statt *δεμένος, -η, -ο*).

In der alphabetischen Verbliste am Ende der PONS Verbtabellen Neugriechisch finden Sie ca. 1340 weitere regelmäßige und unregelmäßige Verben mit Verweis auf das Konjugationsmuster, nach dessen Vorbild die Formen des gesuchten Verbs gebildet werden. Zusätzlich informiert Sie diese Liste über die Verwendung des Augments.

Grammatikbegriffe in der Übersicht

Griechisch	*Lateinisch*	*Deutsch*
αιτιατική	Akkusativ	Wenfall
ανώμαλο ρήμα	unregelmäßiges Verb	unregelmäßiges Zeitwort
αόριστος	Aorist	–
απαρέμφατο	Infinitiv	Grundform des Zeitworts
αρσενικό	maskulin	männlich
αύξηση	Augment	–
γενική	Genitiv	Wesfall
δοτική	Dativ	Wemfall
έγκλιση	Modus	Aussageweise
ενεστώτας	Präsens	Gegenwart
ενεργητική φωνή	Aktiv	–
ενικός	Singular	Einzahl
εξακολουθητικός μέλλοντας	Futur continuum	–
ευχετική	–	Wunschform
θηλυκό	feminin	weiblich
μετοχή	Partizip	Mittelwort der Vergangenheit
ομαλό ρήμα	regelmäßiges Verb	regelmäßiges Zeitwort
ονομαστική	Nominativ	Werfall
οριστική	Indikativ	Wirklichkeitsform
ουδέτερο	Neutrum	–
παρακείμενος	Perfekt	vollendete Gegenwart
παρατατικός	Imperfekt	unvollendete Gegenwart
πληθυντικός	Plural	Mehrzahl
πρόθεση	Präposition	Verhältniswort
προστακτική	Imperativ	Befehlsform
στιγμιαίος μέλλοντας	Futur I	einmaliges Futur
συζυγία	Konjugation	–
συντελεσμένος μέλλοντας	Futur II	abgeschlossenes Futur
υπερσυντέλικος	Plusquamperfekt	Vorvergangenheit
υποθετική	Konditional	–
υποτακτική	Konjunktiv	Möglichkeitsform

Wissenswertes zur Konjugation der Verben im Neugriechischen

Die Zeiten im Neugriechischen

Die Zeiten eines Verbs legen ein Geschehen oder einen Zustand fest. Das Neugriechische hat folgende Tempora:

1. **Ενεστώτας – Präsens:** was gerade im Augenblick geschieht.
   Παίζω τάβλι με τον Κώστα. Ich spiele mit Kosta Tavli.
2. **Παρατατικός – Imperfekt:** was in der Vergangenheit auf Dauer geschah.
   Χτες έπαιζα όλο το απόγευμα τάβλι με τον Κώστα. Gestern spielte ich den ganzen Nachmittag mit Kosta Tavli.
3. **Αόριστος – Aorist:** was zu einem bestimmten Zeitpunkt in der Vergangenheit geschah.
   Έπαιξα τάβλι με τον Κώστα. Ich habe mit Kosta Tavli gespielt.
4. **Στιγμιαίος μέλλοντας – Einmaliges Futur:** was in der Zukunft geschehen wird.
   Αύριο θα παίξω τάβλι με τον Κώστα. Morgen werde ich mit Kosta Tavli spielen.
5. **Εξακολουθητικός μέλλοντας – Futur continuum:** was in der Zukunft auf Dauer geschehen wird.
   Το απόγευμα θα παίζω τάβλι με τον Κώστα. Ich werde den (ganzen) Nachmittag mit Kosta Tavli spielen.
6. **Συντελεσμένος μέλλοντας – Abgeschlossenes Futur:** was in der Zukunft zu einem bestimmten Zeitpunkt abgeschlossen sein wird.
   Στις έξι θα έχω παίξει δύο παρτίδες τάβλι με τον Κώστα. Bis sechs Uhr werde ich mit Kosta zwei Partien Tavli gespielt haben.
7. **Παρακείμενος – Perfekt:** drückt ein Geschehen aus, das noch einen Bezug zur Gegenwart hat und wird mit dem Hilfsverb **έχω** gebildet.
   Έχω παίξει τάβλι με τον Κώστα. Ich habe bereits mit Kosta Tavli gespielt.
8. **Υπερσυντέλικος – Plusquamperfekt:** drückt ein Geschehen in der Vorvergangenheit aus, d.h. eine bereits in der Vergangenheit abgeschlossene Handlung oder einen Zustand. Es wird mit **είχα** gebildet.
   Όταν έφτασε η Ελένη, είχα ήδη παίξει τάβλι με τον Κώστα. Als Eleni ankam, hatte ich bereits mit Kosta Tavli gespielt.

Analog dem, was der Sprecher ausdrücken will, unterscheidet man außerdem zwischen:

a. **Οριστική – Indikativ:** eine einfache objektive Aussage.
b. **Υποτακτική – Konjunktiv:** Ausdruck von Wille oder Wunsch; dabei werden die Partikel **να**, **ας**, **όταν** vorne aufgestellt.
c. **Ευχετική – Wunschform:** wird gebraucht, indem man zusätzlich der Partikel **να** das Adverb **μακάρι** = *wenn doch (nur)* vorstellt.
d. **Προστακτική – Imperativ:** wenn man einen Befehl oder eine Aufforderung äußert.
e. **Υποθετική – Konditional:** um etwas in der Möglichkeitsform auszudrücken. Dazu wird die Partikel **θα** vorangestellt.
f. **Μετοχή – Partizip:** bezeichnet den Zustand und wirkt wie ein Eigenschaftswort. Für die Verben der 1. Konjugation Aktiv ist die Endung -**οντας**; die Verben der 2. Konjugation enden auf -**ώντας**. Das Partizip Aktiv wird nicht dekliniert.
   Das Partizip Passiv endet auf: -**μένος**, -**μμένος**, -**ημένος**, -**σμένος**, -**όμενος**, -**ούμενος**, -**ώμενος**. Im Gegensatz zum Partizip Aktiv wird es dekliniert wie die Adjektive, z.B. *ο αγαπημένος, η αγαπημένη, το αγαπημένο*.

Regeln zur Bildung des passiven Aorists

1. Verben, die im aktiven Aorist auf -**σα** enden, bilden den passiven Aorist mit -**θηκα** oder -**στηκα**. Die Partizipien lauten -**μένος** oder -**σμένος**.
   ψήνω-έψη**σα** – ψή**θηκα** – ψη**μένος**
   πιέζω-πίε**σα** – πιέ**στηκα** – πιε**σμένος**

-σα	-θηκα	-μένος
	-στηκα	-σμένος

2. Verben, deren aktiver Aorist auf -**ψα** endet, bilden den passiven Aorist auf -**φτηκα**. Das Partizip lautet -**μμένος**.
τρίβω-έτρι**ψα** – τρί**φτηκα** – τρι**μμένος**

-ψα	-φτηκα	-μμένος

3. Verben, deren aktiver Aorist auf -**ξα** endet, bilden den passiven Aorist auf -**χτηκα**. Das Partizip lautet -**γμένος**.
αρπάζω-άρπα**ξα** – αρπά**χτηκα** – αρπα**γμένος**

-ξα	-χτηκα	-γμένος

4. Verben, die auf -**αύω** oder -**εύω** enden, bilden den passiven Aorist auf -**αύτηκα** oder -**εύτηκα**. Die Partizipien lauten -**αυμένος**, -**εμένος** oder -**ευμένος**.
παύω – έπα**ψα** – π**αύτηκα** – π**αυμένος**
μπερδεύω – μπέρδε**ψα** – μπερδ**εύτηκα** – μπερδ**εμένος**
προστατεύω – προστάτ**ευσα** – προστατ**ατεύτηκα** – προστατ**ευμένος**

-αύω	-ψα	-αύτηκα	-αυμένος
-εύω	-ψα	-εύτηκα	-εμένος
	-ευσα		-ευμένος

5. Verben auf -**αίνω**, deren aktiver Aorist auf -**ανα** endet, bilden den passiven Aorist auf -**νθηκα** oder -**θηκα**. Die Partizipien lauten -**σμένος** oder -**μένος**.
απολυμαίνω – απολύμ**ανα** – απολυμά**νθηκα** – απλυμα**σμένος**
μαραίνω – μάρ**ανα** – μαρά**θηκα** – μαρα**μένος**

-αίνω → -ανα	-νθηκα	-σμένος
	-θηκα	-μένος

Das Augment

Einige zweisilbige Verben, die mit einem Konsonanten beginnen, erhalten im Imperfekt und Aorist ein vorgeschobenes **ε-** oder **η-**, damit eine dreisilbige Form entsteht. Diese vorgeschobenen Buchstaben bezeichnet man als Augment. Bei den zusammengesetzten Verben (d.h. Verben mit Vorsilbe, z.B. **ανα-**, **δια-**, **εισ-**, **εν-**, **κατα-**, **περι-**, **συν-** u.a.) erscheint das Augment wie bei den einfachen Verben, sofern es sich um ein zweisilbiges Verb der 1. Konjunktion handelt z.B. ανα-φέρω → **αν-έ-φερα**.

κάνω	(*ich mache*)	**έ**κανα	(*ich machte*)
θέλω	(*ich will*)	**ή**θελα	(*ich wollte*)

Das Augment muss auf jeden Fall eingeschoben werden, wenn die drittletzte Silbe (also das Augment selbst) betont wird. Ist es unbetont, kann es wegfallen:

έλεγα	(*ich sagte*)
έλεγες	(*du sagtest*)
έλεγε	(*er, sie, es sagte*)
λέγαμε	(*wir sagten*)
λέγατε	(*ihr sagtet*)
έλεγαν/λέγανε	(*sie sagten*)

Setzt sich ein Verb aus einem zweisilbigen Grundverb und einem Adverb zusammen, wird das Augment vor das Grundverb gesetzt, auch wenn eigentlich mehr als zwei Silben vorhanden wären:

παραθέλω	(*ich will etw. stark*)	παρα**ή**θελα	(*ich wollte etw. stark*)

Diese Regel bezieht sich hauptsächlich auf die gesprochene Sprache, in der die Vorsilbe **παρα-** betont wird.

είμαι

sein

Der Imperativ wird durch Konjunktivformen ersetzt.

INDIKATIV – ΟΡΙΣΤΙΚΗ

Präsens **Ενεστώτας**	Aorist **Αόριστος**
είμαι	–
είσαι	–
είναι	–
είμαστε	–
είστε	–
είναι	–

Perfekt **Παρακείμενος**
–
–
–
–
–
–

Imperfekt **Παρατατικός**	Plusquamperfekt **Υπερσυντέλικος**
ήμουν(α)	–
ήσουν(α)	–
ήταν	–
ήμασταν	–
ήσασταν	–
ήταν	–

KONJUNKTIV – ΥΠΟΤΑΚΤΙΚΗ

Präsens **Ενεστώτας**	Aorist **Αόριστος**
να είμαι	–
να είσαι	–
να είναι	–
να είμαστε	–
να είστε	–
να είναι	–

Perfekt **Παρακείμενος**	Wunschform **Ευχετική**
–	να ήμουν(α)
–	να ήσουν(α)
–	να ήταν
–	να ήμασταν
–	να ήσασταν
–	να ήταν

KONDITIONAL – ΥΠΟΘΕΤΙΚΗ

der Gegenwart **του παρόντος**	der Vergangenheit **του παρελθόντος**
–	–
–	–
–	–
–	–
–	–
–	–

Futur continuum **Εξακολουθητικός μέλλοντας**	einmaliges Futur **Στιγμιαίος μέλλοντας**	abgeschlossenes Futur **Συντελεσμένος μέλλοντας**
θα είμαι	–	–
θα είσαι	–	–
θα είναι	–	–
θα είμαστε	–	–
θα είστε	–	–
θα είναι	–	–

IMPERATIV – ΠΡΟΣΤΑΚΤΙΚΗ

Präsens **Ενεστώτας**	Aorist **Αόριστος**
να είσαι	–
να είστε	–

PARTIZIP – ΜΕΤΟΧΗ

Präsens **Ενεστώτας**	Perfekt (Passiv) **Παρακείμενος**
όντας	–

έχω
haben

INDIKATIV – ΟΡΙΣΤΙΚΗ

Präsens **Ενεστώτας**	Aorist **Αόριστος**
έχω	–
έχεις	–
έχει	–
έχουμε	–
έχετε	–
έχουν(ε)	–

Perfekt **Παρακείμενος**
–
–
–
–
–
–

Imperfekt **Παρατατικός**	Plusquamperfekt **Υπερσυντέλικος**
είχα	–
είχες	–
είχε	–
είχαμε	–
είχατε	–
είχαν(ε)	–

Futur continuum **Εξακολουθητικός μέλλοντας**	einmaliges Futur **Στιγμιαίος μέλλοντας**	abgeschlossenes Futur **Συντελεσμένος μέλλοντας**
θα έχω	–	–
θα έχεις	–	–
θα έχει	–	–
θα έχουμε	–	–
θα έχετε	–	–
θα έχουν(ε)	–	–

KONJUNKTIV – ΥΠΟΤΑΚΤΙΚΗ

Präsens **Ενεστώτας**	Aorist **Αόριστος**
να έχω	–
να έχεις	–
να έχει	–
να έχουμε	–
να έχετε	–
να έχουν(ε)	–

Perfekt **Παρακείμενος**	Wunschform **Ευχετική**
–	να είχα
–	να είχες
–	να είχε
–	να είχαμε
–	να είχατε
–	να είχαν(ε)

KONDITIONAL – ΥΠΟΘΕΤΙΚΗ

der Gegenwart **του παρόντος**	der Vergangenheit **του παρελθόντος**
–	–
–	–
–	–
–	–
–	–
–	–

IMPERATIV – ΠΡΟΣΤΑΚΤΙΚΗ

Präsens **Ενεστώτας**	Aorist **Αόριστος**
έχε	–
έχετε	–

PARTIZIP – ΜΕΤΟΧΗ

Präsens **Ενεστώτας**	Perfekt (Passiv) **Παρακείμενος**
έχοντας	–

αγαπιέμαι

geliebt werden

Passives Verb

INDIKATIV – ΟΡΙΣΤΙΚΗ

Präsens **Ενεστώτας**	Aorist **Αόριστος**
αγαπ**ιέμαι**	αγαπ**ήθηκα**
αγαπ**ιέσαι**	αγαπ**ήθηκες**
αγαπ**ιέται**	αγαπ**ήθηκε**
αγαπ**ιόμαστε**	αγαπ**ηθήκαμε**
αγαπ**ιέστε**	αγαπ**ηθήκατε**
αγαπ**ιούνται**	αγαπ**ήθηκαν**/ αγαπ**ηθήκανε**

Perfekt
Παρακείμενος

έχω	αγαπηθεί
έχεις	αγαπηθεί
έχει	αγαπηθεί
έχουμε	αγαπηθεί
έχετε	αγαπηθεί
έχουν	αγαπηθεί

Imperfekt **Παρατατικός**	Plusquamperfekt **Υπερσυντέλικος**
αγαπ**ιόμουν**	είχα αγαπηθεί
αγαπ**ιόσουν**	είχες αγαπηθεί
αγαπ**ιόταν**	είχε αγαπηθεί
αγαπ**ιόμαστε**	είχαμε αγαπηθεί
αγαπ**ιόσαστε**	είχατε αγαπηθεί
αγαπ**ιόνταν**	είχαν αγαπηθεί

KONJUNKTIV – ΥΠΟΤΑΚΤΙΚΗ

Präsens **Ενεστώτας**	Aorist **Αόριστος**
να αγαπιέμαι	να αγαπ**ηθώ**
να αγαπιέσαι	να αγαπ**ηθείς**
να αγαπιέται	να αγαπ**ηθεί**
να αγαπιόμαστε	να αγαπ**ηθούμε**
να αγαπιέστε	να αγαπ**ηθείτε**
να αγαπιούνται	να αγαπ**ηθούν**

Perfekt **Παρακείμενος**	Wunschform **Ευχετική**
να έχω αγαπηθεί	να αγαπιόμουν
να έχεις αγαπηθεί	να αγαπιόσουν
να έχει αγαπηθεί	να αγαπιόταν
να έχουμε αγαπηθεί	να αγαπιόμαστε
να έχετε αγαπηθεί	να αγαπιόσαστε
να έχουν αγαπηθεί	να αγαπιόνταν

KONDITIONAL – ΥΠΟΘΕΤΙΚΗ

der Gegenwart **του παρόντος**	der Vergangenheit **του παρελθόντος**
θα αγαπιόμουν	θα είχα αγαπηθεί
θα αγαπιόσουν	θα είχες αγαπηθεί
θα αγαπιόταν	θα είχε αγαπηθεί
θα αγαπιόμαστε	θα είχαμε αγαπηθεί
θα αγαπιόσαστε	θα είχατε αγαπηθεί
θα αγαπιόνταν	θα είχαν αγαπηθεί

Futur continuum **Εξακολουθητικός μέλλοντας**	einmaliges Futur **Στιγμιαίος μέλλοντας**	abgeschlossenes Futur **Συντελεσμένος μέλλοντας**
θα αγαπιέμαι	θα αγαπηθώ	θα έχω αγαπηθεί
θα αγαπιέσαι	θα αγαπηθείς	θα έχεις αγαπηθεί
θα αγαπιέται	θα αγαπηθεί	θα έχει αγαπηθεί
θα αγαπιόμαστε	θα αγαπηθούμε	θα έχουμε αγαπηθεί
θα αγαπιέστε	θα αγαπηθείτε	θα έχετε αγαπηθεί
θα αγαπιούνται	θα αγαπηθούν	θα έχουν αγαπηθεί

IMPERATIV – ΠΡΟΣΤΑΚΤΙΚΗ

Präsens **Ενεστώτας**	Aorist **Αόριστος**
να αγαπ**ιέσαι**	αγαπ**ήσου**
να αγαπ**ιέστε**	αγαπ**ηθείτε**

PARTIZIP – ΜΕΤΟΧΗ

Präsens **Ενεστώτας**	Perfekt (Passiv) **Παρακείμενος**
–	αγαπ**ημένος**

αγαπώ

lieben

INDIKATIV – ΟΡΙΣΤΙΚΗ

Präsens Ενεστώτας	Aorist Αόριστος
αγαπ**ώ**	αγάπ**ησα**
αγαπ**άς**	αγάπ**ησες**
αγαπ**ά**/αγαπ**άει**	αγάπ**ησε**
αγαπ**άμε**/αγαπ**ούμε**	αγαπ**ήσαμε**
αγαπ**άτε**	αγαπ**ήσατε**
αγαπ**ούν**/αγαπ**άνε**	αγάπ**ησαν**/ αγαπ**ήσανε**

Perfekt Παρακείμενος

έχω	αγαπήσει
έχεις	αγαπήσει
έχει	αγαπήσει
έχουμε	αγαπήσει
έχετε	αγαπήσει
έχουν	αγαπήσει

Imperfekt Παρατατικός	Plusquamperfekt Υπερσυντέλικος
αγαπ**ούσα**	είχα αγαπήσει
αγαπ**ούσες**	είχες αγαπήσει
αγαπ**ούσε**	είχε αγαπήσει
αγαπ**ούσαμε**	είχαμε αγαπήσει
αγαπ**ούσατε**	είχατε αγαπήσει
αγαπ**ούσανε**	είχαν αγαπήσει

KONJUNKTIV – ΥΠΟΤΑΚΤΙΚΗ

Präsens Ενεστώτας	Aorist Αόριστος
να αγαπώ	να αγαπ**ήσω**
να αγαπάς	να αγαπ**ήσεις**
να αγαπά/αγαπάει	να αγαπ**ήσει**
να αγαπάμε/αγαπούμε	να αγαπ**ήσουμε**
να αγαπάτε	να αγαπ**ήσετε**
να αγαπούν	να αγαπ**ήσουν**

Perfekt Παρακείμενος	Wunschform Ευχετική
να έχω αγαπήσει	να αγαπούσα
να έχεις αγαπήσει	να αγαπούσες
να έχει αγαπήσει	να αγαπούσε
να έχουμε αγαπήσει	να αγαπούσαμε
να έχετε αγαπήσει	να αγαπούσατε
να έχουν αγαπήσει	να αγαπούσανε

KONDITIONAL – ΥΠΟΘΕΤΙΚΗ

der Gegenwart του παρόντος	der Vergangenheit του παρελθόντος
θα αγαπούσα	θα είχα αγαπήσει
θα αγαπούσες	θα είχες αγαπήσει
θα αγαπούσε	θα είχε αγαπήσει
θα αγαπούσαμε	θα είχαμε αγαπήσει
θα αγαπούσατε	θα είχατε αγαπήσει
θα αγαπούσανε	θα είχαν αγαπήσει

Futur continuum Εξακολουθητικός μέλλοντας	einmaliges Futur Στιγμιαίος μέλλοντας	abgeschlossenes Futur Συντελεσμένος μέλλοντας
θα αγαπώ	θα αγαπήσω	θα έχω αγαπήσει
θα αγαπάς	θα αγαπήσεις	θα έχεις αγαπήσει
θα αγαπά/αγαπάει	θα αγαπήσει	θα έχει αγαπήσει
θα αγαπάμε/αγαπούμε	θα αγαπήσουμε	θα έχουμε αγαπήσει
θα αγαπάτε	θα αγαπήσετε	θα έχετε αγαπήσει
θα αγαπούν/αγαπάνε	θα αγαπήσουν	θα έχουν αγαπήσει

IMPERATIV – ΠΡΟΣΤΑΚΤΙΚΗ

Präsens Ενεστώτας	Aorist Αόριστος
αγάπ**α**	αγάπ**ησε**
αγαπ**άτε**	αγαπ**ήστε**

PARTIZIP – ΜΕΤΟΧΗ

Präsens Ενεστώτας	Perfekt (Passiv) Παρακείμενος
αγαπ**ώντας**	αγαπ**ημένος**

αδιαφορώ

gleichgültig sein

INDIKATIV – ΟΡΙΣΤΙΚΗ

Präsens **Ενεστώτας**	Aorist **Αόριστος**
αδιαφορώ	αδιαφόρ**ησα**
αδιαφορείς	αδιαφόρ**ησες**
αδιαφορεί	αδιαφόρ**ησε**
αδιαφορούμε	αδιαφορ**ήσαμε**
αδιαφορείτε	αδιαφορ**ήσατε**
αδιαφορούν	αδιαφόρ**ησαν**/ αδιαφορ**ήσανε**

Perfekt Παρακείμενος

έχω	αδιαφορήσει
έχεις	αδιαφορήσει
έχει	αδιαφορήσει
έχουμε	αδιαφορήσει
έχετε	αδιαφορήσει
έχουν	αδιαφορήσει

Imperfekt Παρατατικός	**Plusquamperfekt Υπερσυντέλικος**
αδιαφορούσα	είχα αδιαφορήσει
αδιαφορούσες	είχες αδιαφορήσει
αδιαφορούσε	είχε αδιαφορήσει
αδιαφορούσαμε	είχαμε αδιαφορήσει
αδιαφορούσατε	είχατε αδιαφορήσει
αδιαφορούσαν(ε)	είχαν αδιαφορήσει

KONJUNKTIV – ΥΠΟΤΑΚΤΙΚΗ

Präsens **Ενεστώτας**	Aorist **Αόριστος**
να αδιαφορώ	να αδιαφορ**ήσω**
να αδιαφορείς	να αδιαφορ**ήσεις**
να αδιαφορεί	να αδιαφορ**ήσει**
να αδιαφορούμε	να αδιαφορ**ήσουμε**
να αδιαφορείτε	να αδιαφορ**ήσετε**
να αδιαφορούν	να αδιαφορ**ήσουν**

Perfekt Παρακείμενος	**Wunschform Ευχετική**
να έχω αδιαφορήσει	να αδιαφορούσα
να έχεις αδιαφορήσει	να αδιαφορούσες
να έχει αδιαφορήσει	να αδιαφορούσε
να έχουμε αδιαφορήσει	να αδιαφορούσαμε
να έχετε αδιαφορήσει	να αδιαφορούσατε
να έχουν αδιαφορήσει	να αδιαφορούσαν(ε)

KONDITIONAL – ΥΠΟΘΕΤΙΚΗ

der Gegenwart του παρόντος	**der Vergangenheit του παρελθόντος**
θα αδιαφορούσα	θα είχα αδιαφορήσει
θα αδιαφορούσες	θα είχες αδιαφορήσει
θα αδιαφορούσε	θα είχε αδιαφορήσει
θα αδιαφορούσαμε	θα είχαμε αδιαφορήσει
θα αδιαφορούσατε	θα είχατε αδιαφορήσει
θα αδιαφορούσαν(ε)	θα είχαν αδιαφορήσει

Futur continuum Εξακολουθητικός μέλλοντας	**einmaliges Futur Στιγμιαίος μέλλοντας**	**abgeschlossenes Futur Συντελεσμένος μέλλοντας**
θα αδιαφορώ	θα αδιαφορήσω	θα έχω αδιαφορήσει
θα αδιαφορείς	θα αδιαφορήσεις	θα έχεις αδιαφορήσει
θα αδιαφορεί	θα αδιαφορήσει	θα έχει αδιαφορήσει
θα αδιαφορούμε	θα αδιαφορήσουμε	θα έχουμε αδιαφορήσει
θα αδιαφορείτε	θα αδιαφορήσετε	θα έχετε αδιαφορήσει
θα αδιαφορούν	θα αδιαφορήσουν	θα έχουν αδιαφορήσει

IMPERATIV – ΠΡΟΣΤΑΚΤΙΚΗ

Präsens Ενεστώτας	**Aorist Αόριστος**
αδιαφόρει	αδιαφόρησε
αδιαφορείτε	αδιαφορήστε

PARTIZIP – ΜΕΤΟΧΗ

Präsens Ενεστώτας	**Perfekt (Passiv) Παρακείμενος**
αδιαφορώντας	αδιαφορούμενος

αθωώνω

freisprechen

INDIKATIV – ΟΡΙΣΤΙΚΗ

Präsens **Ενεστώτας**	Aorist **Αόριστος**
αθωών**ω**	αθώω**σα**
αθωών**εις**	αθώω**σες**
αθωών**ει**	αθώω**σε**
αθωών**ουμε**	αθωώ**σαμε**
αθωών**ετε**	αθωώ**σατε**
αθωών**ουν(ε)**	αθώω**σαν**/αθωώ**σανε**

Perfekt
Παρακείμενος

έχω	αθωώσει
έχεις	αθωώσει
έχει	αθωώσει
έχουμε	αθωώσει
έχετε	αθωώσει
έχουν	αθωώσει

Imperfekt **Παρατατικός**	Plusquamperfekt **Υπερσυντέλικος**	
αθώων**α**	είχα	αθωώσει
αθώων**ες**	είχες	αθωώσει
αθώων**ε**	είχε	αθωώσει
αθωών**αμε**	είχαμε	αθωώσει
αθωών**ατε**	είχατε	αθωώσει
αθώων**αν**/αθωών**ανε**	είχαν	αθωώσει

KONJUNKTIV – ΥΠΟΤΑΚΤΙΚΗ

Präsens **Ενεστώτας**	Aorist **Αόριστος**
να αθωώνω	να αθωώ**σω**
να αθωώνεις	να αθωώ**σεις**
να αθωώνει	να αθωώ**σει**
να αθωώνουμε	να αθωώ**σουμε**
να αθωώνετε	να αθωώ**σετε**
να αθωώνουν(ε)	να αθωώ**σουν(ε)**

Perfekt **Παρακείμενος**		Wunschform **Ευχετική**
να έχω	αθωώσει	να αθώωνα
να έχεις	αθωώσει	να αθώωνες
να έχει	αθωώσει	να αθώωνε
να έχουμε	αθωώσει	να αθωώναμε
να έχετε	αθωώσει	να αθωώνατε
να έχουν	αθωώσει	να αθώωναν/ αθωώνανε

KONDITIONAL – ΥΠΟΘΕΤΙΚΗ

der Gegenwart **του παρόντος**	der Vergangenheit **του παρελθόντος**	
θα αθώωνα	θα έχω	αθωώσει
θα αθώωνες	θα έχεις	αθωώσει
θα αθώωνε	θα έχει	αθωώσει
θα αθωώναμε	θα έχουμε	αθωώσει
θα αθωώνατε	θα έχετε	αθωώσει
θα αθώωναν/ αθωώνανε	θα έχουν	αθωώσει

Futur continuum **Εξακολουθητικός μέλλοντας**	einmaliges Futur **Στιγμιαίος μέλλοντας**	abgeschlossenes Futur **Συντελεσμένος μέλλοντας**	
θα αθωώνω	θα αθωώσω	θα είχα	αθωώσει
θα αθωώνεις	θα αθωώσεις	θα είχες	αθωώσει
θα αθωώνει	θα αθωώσει	θα είχε	αθωώσει
θα αθωώνουμε	θα αθωώσουμε	θα είχαμε	αθωώσει
θα αθωώνετε	θα αθωώσετε	θα είχατε	αθωώσει
θα αθωώνουν(ε)	θα αθωώσουν(ε)	θα είχαν	αθωώσει

IMPERATIV – ΠΡΟΣΤΑΚΤΙΚΗ

Präsens **Ενεστώτας**	Aorist **Αόριστος**
αθώων**ε**	αθώω**σε**
αθωών**ετε**	αθωώ**στε**

PARTIZIP – ΜΕΤΟΧΗ

Präsens **Ενεστώτας**	Perfekt (Passiv) **Παρακείμενος**
αθωών**οντας**	αθωω**μένος**

ακούω
hören

Vorsilbe: παρ-, υπ-, κρυφ-, ξαν-

INDIKATIV – ΟΡΙΣΤΙΚΗ

Präsens **Ενεστώτας**	Aorist **Αόριστος**
ακούω	άκουσα
ακούς	άκουσες
ακούει	άκουσε
ακούμε	ακούσαμε
ακούτε	ακούσατε
ακούν(ε)	άκουσαν/ακούσανε

Perfekt
Παρακείμενος

έχω	ακούσει
έχεις	ακούσει
έχει	ακούσει
έχουμε	ακούσει
έχετε	ακούσει
έχουν	ακούσει

Imperfekt **Παρατατικός**	Plusquamperfekt **Υπερσυντέλικος**
άκουγα	είχα ακούσει
άκουγες	είχες ακούσει
άκουγε	είχε ακούσει
ακούγαμε	είχαμε ακούσει
ακούγατε	είχατε ακούσει
άκουγαν/ακούγανε	είχαν ακούσει

KONJUNKTIV – ΥΠΟΤΑΚΤΙΚΗ

Präsens **Ενεστώτας**	Aorist **Αόριστος**
να ακούω	να ακούσω
να ακούς	να ακούσεις
να ακούει	να ακούσει
να ακούμε	να ακούσουμε
να ακούτε	να ακούσετε
να ακούν(ε)	να ακούσουν(ε)

Perfekt **Παρακείμενος**	Wunschform **Ευχετική**
να έχω ακούσει	να άκουγα
να έχεις ακούσει	να άκουγες
να έχει ακούσει	να άκουγε
να έχουμε ακούσει	να ακούγαμε
να έχετε ακούσει	να ακούγατε
να έχουν ακούσει	να άκουγαν/ακούγανε

KONDITIONAL – ΥΠΟΘΕΤΙΚΗ

der Gegenwart **του παρόντος**	der Vergangenheit **του παρελθόντος**
θα άκουγα	θα είχα ακούσει
θα άκουγες	θα είχες ακούσει
θα άκουγε	θα είχε ακούσει
θα ακούγαμε	θα είχαμε ακούσει
θα ακούγατε	θα είχατε ακούσει
θα άκουγαν/ακούγανε	θα είχαν ακούσει

Futur continuum **Εξακολουθητικός μέλλοντας**	einmaliges Futur **Στιγμιαίος μέλλοντας**	abgeschlossenes Futur **Συντελεσμένος μέλλοντας**
θα ακούω	θα ακούσω	θα έχω ακούσει
θα ακούς	θα ακούσεις	θα έχεις ακούσει
θα ακούει	θα ακούσει	θα έχει ακούσει
θα ακούμε	θα ακούσουμε	θα έχουμε ακούσει
θα ακούτε	θα ακούσετε	θα έχετε ακούσει
θα ακούν(ε)	θα ακούσουν(ε)	θα έχουν ακούσει

IMPERATIV – ΠΡΟΣΤΑΚΤΙΚΗ

Präsens **Ενεστώτας**	Aorist **Αόριστος**
άκουγε	άκουσε
ακούτε	ακούστε

PARTIZIP – ΜΕΤΟΧΗ

Präsens **Ενεστώτας**	Perfekt (Passiv) **Παρακείμενος**
ακούγοντας	ακουσμένος

ανάβω

anzünden

Verben, die auf -πω, -βω, -φω, -πτω enden, bilden den aktiven Aorist auf -ψα.

INDIKATIV – ΟΡΙΣΤΙΚΗ

Präsens **Ενεστώτας**	Aorist **Αόριστος**
ανάβω	άνα**ψα**
ανάβεις	άνα**ψες**
ανάβει	άνα**ψε**
ανάβουμε	ανά**ψαμε**
ανάβετε	ανά**ψατε**
ανάβουν(ε)	άνα**ψαν**/ανά**ψανε**

Perfekt
Παρακείμενος

έχω	ανάψει
έχεις	ανάψει
έχει	ανάψει
έχουμε	ανάψει
έχετε	ανάψει
έχουν	ανάψει

Imperfekt **Παρατατικός**	Plusquamperfekt **Υπερσυντέλικος**
άναβα	είχα ανάψει
άναβες	είχες ανάψει
άναβε	είχε ανάψει
ανάβαμε	είχαμε ανάψει
ανάβατε	είχατε ανάψει
άναβαν/ανάβανε	είχαν ανάψει

KONJUNKTIV – ΥΠΟΤΑΚΤΙΚΗ

Präsens **Ενεστώτας**	Aorist **Αόριστος**
να ανάβω	να ανά**ψω**
να ανάβεις	να ανά**ψεις**
να ανάβει	να ανά**ψει**
να ανάβουμε	να ανά**ψουμε**
να ανάβετε	να ανά**ψετε**
να ανάβουν(ε)	να ανά**ψουν(ε)**

Perfekt **Παρακείμενος**	Wunschform **Ευχετική**
να έχω ανάψει	να άναβα
να έχεις ανάψει	να άναβες
να έχει ανάψει	να άναβε
να έχουμε ανάψει	να ανάβαμε
να έχετε ανάψει	να ανάβατε
να έχουν ανάψει	να άναβαν/ανάβανε

KONDITIONAL – ΥΠΟΘΕΤΙΚΗ

der Gegenwart **του παρόντος**	der Vergangenheit **του παρελθόντος**
θα άναβα	θα είχα ανάψει
θα άναβες	θα είχες ανάψει
θα άναβε	θα είχε ανάψει
θα ανάβαμε	θα είχαμε ανάψει
θα ανάβατε	θα είχατε ανάψει
θα άναβαν/ανάβανε	θα είχαν ανάψει

Futur continuum **Εξακολουθητικός μέλλοντας**	einmaliges Futur **Στιγμιαίος μέλλοντας**	abgeschlossenes Futur **Συντελεσμένος μέλλοντας**
θα ανάβω	θα ανάψω	θα έχω ανάψει
θα ανάβεις	θα ανάψεις	θα έχεις ανάψει
θα ανάβει	θα ανάψει	θα έχει ανάψει
θα ανάβουμε	θα ανάψουμε	θα έχουμε ανάψει
θα ανάβετε	θα ανάψετε	θα έχετε ανάψει
θα ανάβουν	θα ανάψουν	θα έχουν ανάψει

IMPERATIV – ΠΡΟΣΤΑΚΤΙΚΗ

Präsens **Ενεστώτας**	Aorist **Αόριστος**
άναβε	άνα**ψε**
ανάβετε	ανά**ψτε**

PARTIZIP – ΜΕΤΟΧΗ

Präsens **Ενεστώτας**	Perfekt (Passiv) **Παρακείμενος**
ανάβοντας	ανα**μμένος**

αναγγέλλω

ankündigen, bekannt machen

Unregelmäßiges Verb
Verben auf -λλω verlieren in den Aoristformen ein »λ«.

INDIKATIV – ΟΡΙΣΤΙΚΗ

Präsens **Ενεστώτας**	Aorist **Αόριστος**
αναγγέλλω	ανάγγειλα
αναγγέλλεις	ανάγγειλες
αναγγέλλει	ανάγγειλε
αναγγέλλουμε	αναγγείλαμε
αναγγέλλετε	αναγγείλατε
αναγγέλλουν	ανάγγειλαν/ αναγγείλανε

Perfekt
Παρακείμενος

έχω	αναγγείλει
έχεις	αναγγείλει
έχει	αναγγείλει
έχουμε	αναγγείλει
έχετε	αναγγείλει
έχουν	αναγγείλει

Imperfekt **Παρατατικός**	Plusquamperfekt **Υπερσυντέλικος**
ανάγγελλα	είχα αναγγείλει
ανάγγελλες	είχες αναγγείλει
ανάγγελλε	είχε αναγγείλει
αναγγέλλαμε	είχαμε αναγγείλει
αναγγέλλατε	είχατε αναγγείλει
ανάγγελλαν/ αναγγέλλανε	είχαν αναγγείλει

KONJUNKTIV – ΥΠΟΤΑΚΤΙΚΗ

Präsens **Ενεστώτας**	Aorist **Αόριστος**
να αναγγέλλω	να αναγγείλω
να αναγγέλλεις	να αναγγείλεις
να αναγγέλλει	να αναγγείλει
να αναγγέλλουμε	να αναγγείλουμε
να αναγγέλλετε	να αναγγείλετε
να αναγγέλλουν	να αναγγείλουν

Perfekt **Παρακείμενος**	Wunschform **Ευχετική**
να έχω αναγγείλει	να ανάγγελλα
να έχεις αναγγείλει	να ανάγγελλες
να έχει αναγγείλει	να ανάγγελλε
να έχουμε αναγγείλει	να αναγγέλλαμε
να έχετε αναγγείλει	να αναγγέλλατε
να έχουν αναγγείλει	να ανάγγελλαν/ αναγγέλλανε

KONDITIONAL – ΥΠΟΘΕΤΙΚΗ

der Gegenwart **του παρόντος**	der Vergangenheit **του παρελθόντος**
θα ανάγγελλα	θα είχα αναγγείλει
θα ανάγγελλες	θα είχες αναγγείλει
θα ανάγγελλε	θα είχε αναγγείλει
θα αναγγέλλαμε	θα είχαμε αναγγείλει
θα αναγγέλλατε	θα είχατε αναγγείλει
θα ανάγγελλαν/ αναγγέλλανε	θα είχαν αναγγείλει

Futur continuum **Εξακολουθητικός μέλλοντας**	einmaliges Futur **Στιγμιαίος μέλλοντας**	abgeschlossenes Futur **Συντελεσμένος μέλλοντας**
θα αναγγέλλω	θα αναγγείλω	θα έχω αναγγείλει
θα αναγγέλλεις	θα αναγγείλεις	θα έχεις αναγγείλει
θα αναγγέλλει	θα αναγγείλει	θα έχει αναγγείλει
θα αναγγέλλουμε	θα αναγγείλουμε	θα έχουμε αναγγείλει
θα αναγγέλλετε	θα αναγγείλετε	θα έχετε αναγγείλει
θα αναγγέλλουν	θα αναγγείλουν	θα έχουν αναγγείλει

IMPERATIV – ΠΡΟΣΤΑΚΤΙΚΗ

Präsens **Ενεστώτας**	Aorist **Αόριστος**
ανάγγελλε	ανάγγειλε
αναγγέλλετε	αναγγείλετε

PARTIZIP – ΜΕΤΟΧΗ

Präsens **Ενεστώτας**	Perfekt (Passiv) **Παρακείμενος**
αναγγέλοντας	αναγγελμένος

1. Konjugation

ανασαίνω

atmen

Vorsilbe: ξαν-

INDIKATIV – ΟΡΙΣΤΙΚΗ

Präsens **Ενεστώτας**	Aorist **Αόριστος**
ανασαίνω	ανάσ**ανα**
ανασαίνεις	ανάσ**ανες**
ανασαίνει	ανάσ**ανε**
ανασαίνουμε	ανασ**άναμε**
ανασαίνετε	ανασ**άνατε**
ανασαίνουν(ε)	ανάσ**αναν**/ανασάν**ανε**

Perfekt
Παρακείμενος

έχω	ανασάνει
έχεις	ανασάνει
έχει	ανασάνει
έχουμε	ανασάνει
έχετε	ανασάνει
έχουν	ανασάνει

Imperfekt **Παρατατικός**	Plusquamperfekt **Υπερσυντέλικος**	
ανάσαινα	είχα	ανασάνει
ανάσαινες	είχες	ανασάνει
ανάσαινε	είχε	ανασάνει
ανασαίναμε	είχαμε	ανασάνει
ανασαίνατε	είχατε	ανασάνει
ανάσαιναν	είχαν	ανασάνει

KONJUNKTIV – ΥΠΟΤΑΚΤΙΚΗ

Präsens **Ενεστώτας**	Aorist **Αόριστος**
να ανασαίνω	να ανασ**άνω**
να ανασαίνεις	να ανασ**άνεις**
να ανασαίνει	να ανασ**άνει**
να ανασαίνουμε	να ανασ**άνουμε**
να ανασαίνετε	να ανασ**άνετε**
να ανασαίνουν(ε)	να ανασ**άνουν(ε)**

Perfekt **Παρακείμενος**		Wunschform **Ευχετική**
να έχω	ανασάνει	να ανάσαινα
να έχεις	ανασάνει	να ανάσαινες
να έχει	ανασάνει	να ανάσαινε
να έχουμε	ανασάνει	να ανασαίναμε
να έχετε	ανασάνει	να ανασαίνατε
να έχουν	ανασάνει	να ανάσαιναν

KONDITIONAL – ΥΠΟΘΕΤΙΚΗ

der Gegenwart **του παρόντος**	der Vergangenheit **του παρελθόντος**	
θα ανάσαινα	θα είχα	ανασάνει
θα ανάσαινες	θα είχες	ανασάνει
θα ανάσαινε	θα είχε	ανασάνει
θα ανασαίναμε	θα είχαμε	ανασάνει
θα ανασαίνατε	θα είχατε	ανασάνει
θα ανάσαιναν	θα είχαν	ανασάνει

Futur continuum **Εξακολουθητικός μέλλοντας**	einmaliges Futur **Στιγμιαίος μέλλοντας**	abgeschlossenes Futur **Συντελεσμένος μέλλοντας**	
θα ανασαίνω	θα ανασάνω	θα έχω	ανασάνει
θα ανασαίνεις	θα ανασάνεις	θα έχεις	ανασάνει
θα ανασαίνει	θα ανασάνει	θα έχει	ανασάνει
θα ανασαίνουμε	θα ανασάνουμε	θα έχουμε	ανασάνει
θα ανασαίνετε	θα ανασάνετε	θα έχετε	ανασάνει
θα ανασαίνουν	θα ανασάνουν	θα έχουν	ανασάνει

IMPERATIV – ΠΡΟΣΤΑΚΤΙΚΗ

Präsens **Ενεστώτας**	Aorist **Αόριστος**
ανάσαινε	ανάσανε
ανασαίνετε	ανασάνετε

PARTIZIP – ΜΕΤΟΧΗ

Präsens **Ενεστώτας**	Perfekt (Passiv) **Παρακείμενος**
ανασαίνοντας	–

ανεβαίνω

steigen, hinaufsteigen

Unregelmäßiges Verb

INDIKATIV – ΟΡΙΣΤΙΚΗ

Präsens **Ενεστώτας**	Aorist **Αόριστος**
ανεβαίνω	ανέβηκα
ανεβαίνεις	ανέβηκες
ανεβαίνει	ανέβηκε
ανεβαίνουμε	ανεβήκαμε
ανεβαίνετε	ανεβήκατε
ανεβαίνουν(ε)	ανέβηκαν/ανεβήκανε

Perfekt
Παρακείμενος

έχω	ανεβεί
έχεις	ανεβεί
έχει	ανεβεί
έχουμε	ανεβεί
έχετε	ανεβεί
έχουν	ανεβεί

Imperfekt **Παρατατικός**	Plusquamperfekt **Υπερσυντέλικος**
ανέβαινα	είχα ανεβεί
ανέβαινες	είχες ανεβεί
ανέβαινε	είχε ανεβεί
ανεβαίναμε	είχαμε ανεβεί
ανεβαίνατε	είχατε ανεβεί
ανέβαιναν/ ανεβαίνανε	είχαν ανεβεί

KONJUNKTIV – ΥΠΟΤΑΚΤΙΚΗ

Präsens **Ενεστώτας**	Aorist **Αόριστος**
να ανεβαίνω	να ανεβώ
να ανεβαίνεις	να ανεβείς
να ανεβαίνει	να ανεβεί
να ανεβαίνουμε	να ανεβούμε
να ανεβαίνετε	να ανεβείτε
να ανεβαίνουν(ε)	να ανεβούν(ε)

Perfekt **Παρακείμενος**	Wunschform **Ευχετική**
να έχω ανεβεί	να ανέβαινα
να έχεις ανεβεί	να ανέβαινες
να έχει ανεβεί	να ανέβαινε
να έχουμε ανεβεί	να ανεβαίναμε
να έχετε ανεβεί	να ανεβαίνατε
να έχουν ανεβεί	να ανέβαιναν/ ανεβαίνανε

KONDITIONAL – ΥΠΟΘΕΤΙΚΗ

der Gegenwart **του παρόντος**	der Vergangenheit **του παρελθόντος**
θα ανέβαινα	θα είχα ανεβεί
θα ανέβαινες	θα είχες ανεβεί
θα ανέβαινε	θα είχε ανεβεί
θα ανεβαίναμε	θα είχαμε ανεβεί
θα ανεβαίνατε	θα είχατε ανεβεί
θα ανέβαιναν/ ανεβαίνανε	θα είχαν ανεβεί

Futur continuum **Εξακολουθητικός μέλλοντας**	einmaliges Futur **Στιγμιαίος μέλλοντας**	abgeschlossenes Futur **Συντελεσμένος μέλλοντας**
θα ανεβαίνω	θα ανεβώ	θα έχω ανεβεί
θα ανεβαίνεις	θα ανεβείς	θα έχεις ανεβεί
θα ανεβαίνει	θα ανεβεί	θα έχει ανεβεί
θα ανεβαίνουμε	θα ανεβούμε	θα έχουμε ανεβεί
θα ανεβαίνετε	θα ανεβείτε	θα έχετε ανεβεί
θα ανεβαίνουν(ε)	θα ανεβούν(ε)	θα έχουν ανεβεί

IMPERATIV – ΠΡΟΣΤΑΚΤΙΚΗ

Präsens **Ενεστώτας**	Aorist **Αόριστος**
ανέβαινε	ανέβα
ανεβαίνετε	ανεβείτε

PARTIZIP – ΜΕΤΟΧΗ

Präsens **Ενεστώτας**	Perfekt (Passiv) **Παρακείμενος**
ανεβαίνοντας	ανεβασμένος

ανοίγω

öffnen, aufmachen

Verben, die auf -γω enden, bilden den aktiven Aorist auf -ξα.

INDIKATIV – ΟΡΙΣΤΙΚΗ

Präsens Ενεστώτας	**Aorist Αόριστος**
ανοίγω	άνοι**ξα**
ανοίγεις	άνοι**ξες**
ανοίγει	άνοι**ξε**
ανοίγουμε	ανοί**ξαμε**
ανοίγετε	ανοί**ξατε**
ανοίγουν	άνοι**ξαν**/ανοί**ξανε**

Perfekt Παρακείμενος	
έχω	ανοίξει
έχεις	ανοίξει
έχει	ανοίξει
έχουμε	ανοίξει
έχετε	ανοίξει
έχουν	ανοίξει

Imperfekt Παρατατικός	**Plusquamperfekt Υπερσυντέλικος**
άνοιγα	είχα ανοίξει
άνοιγες	είχες ανοίξει
άνοιγε	είχε ανοίξει
ανοίγαμε	είχαμε ανοίξει
ανοίγατε	είχατε ανοίξει
άνοιγαν/ανοίγανε	είχαν ανοίξει

KONJUNKTIV – ΥΠΟΤΑΚΤΙΚΗ

Präsens Ενεστώτας	**Aorist Αόριστος**
να ανοίγω	να ανοί**ξω**
να ανοίγεις	να ανοί**ξεις**
να ανοίγει	να ανοί**ξει**
να ανοίγουμε	να ανοί**ξουμε**
να ανοίγετε	να ανοί**ξετε**
να ανοίγουν	να ανοί**ξουν**

Perfekt Παρακείμενος	**Wunschform Ευχετική**
να έχω ανοίξει	να άνοιγα
να έχεις ανοίξει	να άνοιγες
να έχει ανοίξει	να άνοιγε
να έχουμε ανοίξει	να ανοίγαμε
να έχετε ανοίξει	να ανοίγατε
να έχουν ανοίξει	να άνοιγαν/ανοίγανε

KONDITIONAL – ΥΠΟΘΕΤΙΚΗ

der Gegenwart του παρόντος	**der Vergangenheit του παρελθόντος**
θα άνοιγα	θα είχα ανοίξει
θα άνοιγες	θα είχες ανοίξει
θα άνοιγε	θα είχε ανοίξει
θα ανοίγαμε	θα είχαμε ανοίξει
θα ανοίγατε	θα είχατε ανοίξει
θα άνοιγαν/ανοίγανε	θα είχαν ανοίξει

Futur continuum Εξακολουθητικός μέλλοντας	**einmaliges Futur Στιγμιαίος μέλλοντας**	**abgeschlossenes Futur Συντελεσμένος μέλλοντας**
θα ανοίγω	θα ανοίξω	θα έχω ανοίξει
θα ανοίγεις	θα ανοίξεις	θα έχεις ανοίξει
θα ανοίγει	θα ανοίξει	θα έχει ανοίξει
θα ανοίγουμε	θα ανοίξουμε	θα έχουμε ανοίξει
θα ανοίγετε	θα ανοίξετε	θα έχετε ανοίξει
θα ανοίγουν	θα ανοίξουν	θα έχουν ανοίξει

IMPERATIV – ΠΡΟΣΤΑΚΤΙΚΗ

Präsens Ενεστώτας	**Aorist Αόριστος**
άνοιγε	άνοι**ξε**
ανοίγετε	ανοί**ξτε**

PARTIZIP – ΜΕΤΟΧΗ

Präsens Ενεστώτας	**Perfekt (Passiv) Παρακείμενος**
ανοίγοντας	ανοιγ**μένος**

αντικαθιστώ

ersetzen

Unregelmäßiges Verb

INDIKATIV – ΟΡΙΣΤΙΚΗ

Präsens **Ενεστώτας**	Aorist **Αόριστος**
αντικαθιστώ	αντικατέστησα
αντικαθιστάς	αντικατέστησες
αντικαθιστά	αντικατέστησε
αντικαθιστάμε	αντικαταστήσαμε
αντικαθιστάτε	αντικαταστήσατε
αντικαθιστούν(ε)	αντικατέστησαν/ αντικαταστήσανε

Perfekt
Παρακείμενος

έχω	αντικαταστήσει
έχεις	αντικαταστήσει
έχει	αντικαταστήσει
έχουμε	αντικαταστήσει
έχετε	αντικαταστήσει
έχουν	αντικαταστήσει

Imperfekt **Παρατατικός**	Plusquamperfekt **Υπερσυντέλικος**	
αντικαθιστούσα	είχα	αντικαταστήσει
αντικαθιστούσες	είχες	αντικαταστήσει
αντικαθιστούσε	είχε	αντικαταστήσει
αντικαθιστούσαμε	είχαμε	αντικαταστήσει
αντικαθιστούσατε	είχατε	αντικαταστήσει
αντικαθιστούσαν(ε)	είχαν	αντικαταστήσει

KONJUNKTIV – ΥΠΟΤΑΚΤΙΚΗ

Präsens **Ενεστώτας**	Aorist **Αόριστος**
να αντικαθιστώ	να αντικαταστήσω
να αντικαθιστάς	να αντικαταστήσεις
να αντικαθιστά	να αντικαταστήσει
να αντικαθιστάμε	να αντικαταστήσουμε
να αντικαθιστάτε	να αντικαταστήσετε
να αντικαθιστούν(ε)	να αντικαταστήσουν

Perfekt **Παρακείμενος**		Wunschform **Ευχετική**
να έχω	αντικαταστήσει	να αντικαθιστούσα
να έχεις	αντικαταστήσει	να αντικαθιστούσες
να έχει	αντικαταστήσει	να αντικαθιστούσε
να έχουμε	αντικαταστήσει	να αντικαθιστούσαμε
να έχετε	αντικαταστήσει	να αντικαθιστούσατε
να έχουν	αντικαταστήσει	να αντικαθιστούσαν(ε)

KONDITIONAL – ΥΠΟΘΕΤΙΚΗ

der Gegenwart **του παρόντος**	der Vergangenheit **του παρελθόντος**	
θα αντικαθιστούσα	θα είχα	αντικαταστήσει
θα αντικαθιστούσες	θα είχες	αντικαταστήσει
θα αντικαθιστούσε	θα είχε	αντικαταστήσει
θα αντικαθιστούσαμε	θα είχαμε	αντικαταστήσει
θα αντικαθιστούσατε	θα είχατε	αντικαταστήσει
θα αντικαθιστούσαν(ε)	θα είχαν	αντικαταστήσει

Futur continuum **Εξακολουθητικός μέλλοντας**	einmaliges Futur **Στιγμιαίος μέλλοντας**	abgeschlossenes Futur **Συντελεσμένος μέλλοντας**	
θα αντικαθιστώ	θα αντικαταστήσω	θα έχω	αντικαταστήσει
θα αντικαθιστάς	θα αντικαταστήσεις	θα έχεις	αντικαταστήσει
θα αντικαθιστά	θα αντικαταστήσει	θα έχει	αντικαταστήσει
θα αντικαθιστάμε	θα αντικαταστήσουμε	θα έχουμε	αντικαταστήσει
θα αντικαθιστάτε	θα αντικαταστήσετε	θα έχετε	αντικαταστήσει
θα αντικαθιστούν	θα αντικαταστήσουν	θα έχουν	αντικαταστήσει

IMPERATIV – ΠΡΟΣΤΑΚΤΙΚΗ

Präsens **Ενεστώτας**	Aorist **Αόριστος**
αντικαθίστα	αντικατάστησε
αντικαθιστάτε	αντικαταστήστε

PARTIZIP – ΜΕΤΟΧΗ

Präsens **Ενεστώτας**	Perfekt (Passiv) **Παρακείμενος**
αντικαθιστώντας	αντικατεστημένος/ αντικαταστημένος

απαγορεύω
verbieten

Vorsilbe: υπ-

INDIKATIV – ΟΡΙΣΤΙΚΗ

Präsens **Ενεστώτας**	Aorist **Αόριστος**
απαγορεύω	απαγόρευ**σα**
απαγορεύεις	απαγόρευ**σες**
απαγορεύει	απαγόρευ**σε**
απαγορεύουμε	απαγορεύ**σαμε**
απαγορεύετε	απαγορεύ**σατε**
απαγορεύουν(ε)	απαγόρευ**σαν**/ απαγορεύ**σανε**

Perfekt
Παρακείμενος

έχω	απαγορεύσει
έχεις	απαγορεύσει
έχει	απαγορεύσει
έχουμε	απαγορεύσει
έχετε	απαγορεύσει
έχουν	απαγορεύσει

Imperfekt **Παρατατικός**	Plusquamperfekt **Υπερσυντέλικος**
απαγόρευα	είχα απαγορεύσει
απαγόρευες	είχες απαγορεύσει
απαγόρευε	είχε απαγορεύσει
απαγορεύαμε	είχαμε απαγορεύσει
απαγορεύατε	είχατε απαγορεύσει
απαγόρευαν/ απαγορεύανε	είχαν απαγορεύσει

KONJUNKTIV – ΥΠΟΤΑΚΤΙΚΗ

Präsens **Ενεστώτας**	Aorist **Αόριστος**
να απαγορεύω	να απαγορεύ**σω**
να απαγορεύεις	να απαγορεύ**σεις**
να απαγορεύει	να απαγορεύ**σει**
να απαγορεύουμε	να απαγορεύ**σουμε**
να απαγορεύετε	να απαγορεύ**σετε**
να απαγορεύουν(ε)	να απαγορεύ**σουν(ε)**

Perfekt **Παρακείμενος**	Wunschform **Ευχετική**
να έχω απαγορεύσει	να απαγόρευα
να έχεις απαγορεύσει	να απαγόρευες
να έχει απαγορεύσει	να απαγόρευε
να έχουμε απαγορεύσει	να απαγορεύαμε
να έχετε απαγορεύσει	να απαγορεύατε
να έχουν απαγορεύσει	να απαγόρευαν/ απαγορεύανε

KONDITIONAL – ΥΠΟΘΕΤΙΚΗ

der Gegenwart **του παρόντος**	der Vergangenheit **του παρελθόντος**
θα απαγόρευα	θα είχα απαγορεύσει
θα απαγόρευες	θα είχες απαγορεύσει
θα απαγόρευε	θα είχε απαγορεύσει
θα απαγορεύαμε	θα είχαμε απαγορεύσει
θα απαγορεύατε	θα είχατε απαγορεύσει
θα απαγόρευαν/ απαγορεύανε	θα είχαν απαγορεύσει

Futur continuum **Εξακολουθητικός μέλλοντας**	einmaliges Futur **Στιγμιαίος μέλλοντας**	abgeschlossenes Futur **Συντελεσμένος μέλλοντας**
θα απαγορεύω	θα απαγορεύσω	θα έχω απαγορεύσει
θα απαγορεύεις	θα απαγορεύσεις	θα έχεις απαγορεύσει
θα απαγορεύει	θα απαγορεύσει	θα έχει απαγορεύσει
θα απαγορεύουμε	θα απαγορεύσουμε	θα έχουμε απαγορεύσει
θα απαγορεύετε	θα απαγορεύσετε	θα έχετε απαγορεύσει
θα απαγορεύουν(ε)	θα απαγορεύσουν(ε)	θα έχουν απαγορεύσει

IMPERATIV – ΠΡΟΣΤΑΚΤΙΚΗ

Präsens **Ενεστώτας**	Aorist **Αόριστος**
απαγόρευε	απαγόρευ**σε**
απαγορεύετε	απαγορεύ**στε**

PARTIZIP – ΜΕΤΟΧΗ

Präsens **Ενεστώτας**	Perfekt (Passiv) **Παρακείμενος**
απαγορεύοντας	απαγορευ**μένος**

απομακρύνομαι

sich entfernen

Reflexives Verb

INDIKATIV – ΟΡΙΣΤΙΚΗ

Präsens **Ενεστώτας**	Aorist **Αόριστος**
απομακρύν**ομαι**	απομακρύν**θηκα**
απομακρύν**εσαι**	απομακρύν**θηκες**
απομακρύν**εται**	απομακρύν**θηκε**
απομακρυν**όμαστε**	απομακρυν**θήκαμε**
απομακρύν**εστε**	απομακρυν**θήκατε**
απομακρύν**ονται**	απομακρύν**θηκαν**

Perfekt
Παρακείμενος

έχω απομακρυνθεί
έχεις απομακρυνθεί
έχει απομακρυνθεί
έχουμεαπομακρυνθεί
έχετε απομακρυνθεί
έχουν απομακρυνθεί

Imperfekt **Παρατατικός**	Plusquamperfekt **Υπερσυντέλικος**
απομακρυν**όμουν**	είχα απομακρυνθεί
απομακρυν**όσουν**	είχες απομακρυνθεί
απομακρυν**όταν**	είχε απομακρυνθεί
απομακρυν**όμαστε**	είχαμε απομακρυνθεί
απομακρυν**όσαστε**	είχατε απομακρυνθεί
απομακρύν**ονταν**	είχαν απομακρυνθεί

Futur continuum **Εξακολουθητικός μέλλοντας**	einmaliges Futur **Στιγμιαίος μέλλοντας**	abgeschlossenes Futur **Συντελεσμένος μέλλοντας**
θα απομακρύνομαι	θα απομακρυνθώ	θα έχω απομακρυνθεί
θα απομακρύνεσαι	θα απομακρυνθείς	θα έχεις απομακρυνθεί
θα απομακρύνεται	θα απομακρυνθεί	θα έχει απομακρυνθεί
θα απομακρυνόμαστε	θα απομακρυνθούμαι	θα έχουμε απομακρυνθεί
θα απομακρύνεστε	θα απομακρυνθείτε	θα έχετε απομακρυνθεί
θα απομακρύνονται	θα απομακρυνθούν	θα έχουν απομακρυνθεί

KONJUNKTIV – ΥΠΟΤΑΚΤΙΚΗ

Präsens **Ενεστώτας**	Aorist **Αόριστος**
να απομακρύνομαι	να απομακρυν**θώ**
να απομακρύνεσαι	να απομακρυν**θείς**
να απομακρύνεται	να απομακρυν**θεί**
να απομακρυνόμαστε	να απομακρυν**θούμαι**
να απομακρύνεστε	να απομακρυν**θείτε**
να απομακρύνονται	να απομακρυν**θούν**

Perfekt **Παρακείμενος**	Wunschform **Ευχετική**
να έχω απομακρυνθεί	να απομακρυνόμουν
να έχεις απομακρυνθεί	να απομακρυνόσουν
να έχει απομακρυνθεί	να απομακρυνόταν
να έχουμε απομακρυνθεί	να απομακρυνόμαστε
να έχετε απομακρυνθεί	να απομακρυνόσαστε
να έχουν απομακρυνθεί	να απομακρύνονταν

KONDITIONAL – ΥΠΟΘΕΤΙΚΗ

der Gegenwart **του παρόντος**	der Vergangenheit **του παρελθόντος**
θα απομακρυνόμουν	θα είχα απομακρυνθεί
θα απομακρυνόσουν	θα είχες απομακρυνθεί
θα απομακρυνόταν	θα είχε απομακρυνθεί
θα απομακρυνόμαστε	θα είχαμε απομακρυνθεί
θα απομακρυνόσαστε	θα είχατε απομακρυνθεί
θα απομακρύνονταν	θα είχαν απομακρυνθεί

IMPERATIV – ΠΡΟΣΤΑΚΤΙΚΗ

Präsens **Ενεστώτας**	Aorist **Αόριστος**
απομάκρυν**ε**	απομακρύν**σου**
απομακρύν**ετε**	απομακρυν**θείτε**

PARTIZIP – ΜΕΤΟΧΗ

Präsens **Ενεστώτας**	Perfekt (Passiv) **Παρακείμενος**
απομακρύνοντας	απομακρυ**σμένος**

αποτελούμαι

bestehen aus

Mediales Verb

INDIKATIV – ΟΡΙΣΤΙΚΗ

Präsens **Ενεστώτας**	Aorist **Αόριστος**
αποτελ**ούμαι**	αποτελ**έστηκα**
αποτελ**είσαι**	αποτελ**έστηκες**
αποτελ**είται**	αποτελ**έστηκε**
αποτελ**ούμαστε**	αποτελ**εστήκαμε**
αποτελ**είστε**	αποτελ**εστήκατε**
αποτελ**ούνται**	αποτελ**έστηκαν**/ αποτελ**εστήκανε**

Perfekt **Παρακείμενος**	
έχω	αποτελεστεί
έχεις	αποτελεστεί
έχει	αποτελεστεί
έχουμε	αποτελεστεί
έχετε	αποτελεστεί
έχουν	αποτελεστεί

Imperfekt **Παρατατικός**	Plusquamperfekt **Υπερσυντέλικος**	
αποτελ**ούμουν**	είχα	αποτελεστεί
αποτελ**ούσουν**	είχες	αποτελεστεί
αποτελ**ούταν**	είχε	αποτελεστεί
αποτελ**ούμαστε**	είχαμε	αποτελεστεί
αποτελ**ούσαστε**	είχατε	αποτελεστεί
αποτελ**ούνταν**	είχαν	αποτελεστεί

KONJUNKTIV – ΥΠΟΤΑΚΤΙΚΗ

Präsens **Ενεστώτας**	Aorist **Αόριστος**
να αποτελούμαι	να αποτελ**εστώ**
να αποτελείσαι	να αποτελ**εστείς**
να αποτελείται	να αποτελ**εστεί**
να αποτελούμαστε	να αποτελ**εστούμε**
να αποτελείστε	να αποτελ**εστείτε**
να αποτελούνται	να αποτελ**εστούν**

Perfekt **Παρακείμενος**		Wunschform **Ευχετική**
να έχω	αποτελεστεί	να αποτελούμουν
να έχεις	αποτελεστεί	να αποτελούσουν
να έχει	αποτελεστεί	να αποτελούταν
να έχουμε	αποτελεστεί	να αποτελούμαστε
να έχετε	αποτελεστεί	να αποτελούσαστε
να έχουν	αποτελεστεί	να αποτελούνταν

KONDITIONAL – ΥΠΟΘΕΤΙΚΗ

der Gegenwart **του παρόντος**	der Vergangenheit **του παρελθόντος**	
θα αποτελούμουν	θα είχα	αποτελεστεί
θα αποτελούσουν	θα είχες	αποτελεστεί
θα αποτελούταν	θα είχε	αποτελεστεί
θα αποτελούμαστε	θα είχαμε	αποτελεστεί
θα αποτελούσαστε	θα είχατε	αποτελεστεί
θα αποτελούνταν	θα είχαν	αποτελεστεί

Futur continuum **Εξακολουθητικός μέλλοντας**	einmaliges Futur **Στιγμιαίος μέλλοντας**	abgeschlossenes Futur **Συντελεσμένος μέλλοντας**	
θα αποτελούμαι	θα αποτελεστώ	θα έχω	αποτελεστεί
θα αποτελείσαι	θα αποτελεστείς	θα έχεις	αποτελεστεί
θα αποτελείται	θα αποτελεστεί	θα έχει	αποτελεστεί
θα αποτελούμαστε	θα αποτελεστούμε	θα έχουμε	αποτελεστεί
θα αποτελείστε	θα αποτελεστείτε	θα έχετε	αποτελεστεί
θα αποτελούνται	θα αποτελεστούν	θα έχουν	αποτελεστεί

IMPERATIV – ΠΡΟΣΤΑΚΤΙΚΗ

Präsens **Ενεστώτας**	Aorist **Αόριστος**
αποτελ**ού**	αποτελ**έσου**
αποτελ**είστε**	αποτελ**εστείτε**

PARTIZIP – ΜΕΤΟΧΗ

Präsens **Ενεστώτας**	Perfekt (Passiv) **Παρακείμενος**
αποτελού**μενος**	αποτελε**σμένος**

αρρωσταίνω

erkranken

Unregelmäßiges Verb

INDIKATIV – ΟΡΙΣΤΙΚΗ

Präsens **Ενεστώτας**	Aorist **Αόριστος**
αρρωσταίνω	αρρώστησα
αρρωσταίνεις	αρρώστησες
αρρωσταίνει	αρρώστησε
αρρωσταίνουμε	αρρωστήσαμε
αρρωσταίνετε	αρρωστήσατε
αρρωσταίνουν(ε)	αρρώστησαν/ αρρωστήσανε

Perfekt
Παρακείμενος
έχω αρρωστήσει
έχεις αρρωστήσει
έχει αρρωστήσει
έχουμε αρρωστήσει
έχετε αρρωστήσει
έχουν αρρωστήσει

Imperfekt Παρατατικός	**Plusquamperfekt Υπερσυντέλικος**
αρρώσταινα	είχα αρρωστήσει
αρρώσταινες	είχες αρρωστήσει
αρρώσταινε	είχε αρρωστήσει
αρρωσταίναμε	είχαμε αρρωστήσει
αρρωσταίνατε	είχατε αρρωστήσει
αρρώσταιναν/ αρρωσταίνανε	είχαν αρρωστήσει

KONJUNKTIV – ΥΠΟΤΑΚΤΙΚΗ

Präsens **Ενεστώτας**	Aorist **Αόριστος**
να αρρωσταίνω	να αρρωστήσω
να αρρωσταίνεις	να αρρωστήσεις
να αρρωσταίνει	να αρρωστήσει
να αρρωσταίνουμε	να αρρωστήσουμε
να αρρωσταίνετε	να αρρωστήσετε
να αρρωσταίνουν(ε)	να αρρωστήσουν

Perfekt Παρακείμενος	**Wunschform Ευχετική**
να έχω αρρωστήσει	να αρρώσταινα
να έχεις αρρωστήσει	να αρρώσταινες
να έχει αρρωστήσει	να αρρώσταινε
να έχουμε αρρωστήσει	να αρρωσταίναμε
να έχετε αρρωστήσει	να αρρωσταίνατε
να έχουν αρρωστήσει	να αρρώσταιναν/ αρρωσταίνανε

KONDITIONAL – ΥΠΟΘΕΤΙΚΗ

der Gegenwart του παρόντος	**der Vergangenheit του παρελθόντος**
θα αρρώσταινα	θα είχα αρρωστήσει
θα αρρώσταινες	θα είχες αρρωστήσει
θα αρρώσταινε	θα είχε αρρωστήσει
θα αρρωσταίναμε	θα είχαμε αρρωστήσει
θα αρρωσταίνατε	θα είχατε αρρωστήσει
θα αρρώσταιναν/ αρρωσταίνανε	θα είχαν αρρωστήσει

Futur continuum Εξακολουθητικός μέλλοντας	**einmaliges Futur Στιγμιαίος μέλλοντας**	**abgeschlossenes Futur Συντελεσμένος μέλλοντας**
θα αρρωσταίνω	θα αρρωστήσω	θα έχω αρρωστήσει
θα αρρωσταίνεις	θα αρρωστήσεις	θα έχεις αρρωστήσει
θα αρρωσταίνει	θα αρρωστήσει	θα έχει αρρωστήσει
θα αρρωσταίνουμε	θα αρρωστήσουμε	θα έχουμε αρρωστήσει
θα αρρωσταίνετε	θα αρρωστήσετε	θα έχετε αρρωστήσει
θα αρρωσταίνουν(ε)	θα αρρωστήσουν	θα έχουν αρρωστήσει

IMPERATIV – ΠΡΟΣΤΑΚΤΙΚΗ

Präsens **Ενεστώτας**	Aorist **Αόριστος**
αρρώσταινε	αρρώστησε
αρρωσταίνετε	αρρωστήστε

PARTIZIP – ΜΕΤΟΧΗ

Präsens **Ενεστώτας**	Perfekt (Passiv) **Παρακείμενος**
αρρωσταίνοντας	αρρωστημένος

βάζω

stecken, stellen

Unregelmäßiges Verb

INDIKATIV – ΟΡΙΣΤΙΚΗ

Präsens **Ενεστώτας**	Aorist **Αόριστος**
βάζω	έβαλα
βάζεις	έβαλες
βάζει	έβαλε
βάζουμε	(ε)βάλαμε
βάζετε	(ε)βάλατε
βάζουν(ε)	έβαλαν/βάλανε

Perfekt **Παρακείμενος**	
έχω	βάλει
έχεις	βάλει
έχει	βάλει
έχουμε	βάλει
έχετε	βάλει
έχουν	βάλει

Imperfekt **Παρατατικός**	Plusquamperfekt **Υπερσυντέλικος**	
έβαζα	είχα	βάλει
έβαζες	είχες	βάλει
έβαζε	είχε	βάλει
βάζαμε	είχαμε	βάλει
βάζατε	είχατε	βάλει
έβαζαν/βάζανε	είχαν	βάλει

KONJUNKTIV – ΥΠΟΤΑΚΤΙΚΗ

Präsens **Ενεστώτας**	Aorist **Αόριστος**
να βάζω	να βάλω
να βάζεις	να βάλεις
να βάζει	να βάλει
να βάζουμε	να βάλουμε
να βάζετε	να βάλετε
να βάζουν(ε)	να βάλουν(ε)

Perfekt **Παρακείμενος**		Wunschform **Ευχετική**
να έχω	βάλει	να έβαζα
να έχεις	βάλει	να έβαζες
να έχει	βάλει	να έβαζε
να έχουμε	βάλει	να βάζαμε
να έχετε	βάλει	να βάζατε
να έχουν	βάλει	να έβαζαν/βάζανε

KONDITIONAL – ΥΠΟΘΕΤΙΚΗ

der Gegenwart **του παρόντος**	der Vergangenheit **του παρελθόντος**	
θα έβαζα	θα είχα	βάλει
θα έβαζες	θα είχες	βάλει
θα έβαζε	θα είχε	βάλει
θα βάζαμε	θα είχαμε	βάλει
θα βάζατε	θα είχατε	βάλει
θα έβαζαν/βάζανε	θα είχαν	βάλει

Futur continuum **Εξακολουθητικός μέλλοντας**	einmaliges Futur **Στιγμιαίος μέλλοντας**	abgeschlossenes Futur **Συντελεσμένος μέλλοντας**	
θα βάζω	θα βάλω	θα έχω	βάλει
θα βάζεις	θα βάλεις	θα έχεις	βάλει
θα βάζει	θα βάλει	θα έχει	βάλει
θα βάζουμε	θα βάλουμε	θα έχουμε	βάλει
θα βάζετε	θα βάλετε	θα έχετε	βάλει
θα βάζουν(ε)	θα βάλουν(ε)	θα έχουν	βάλει

IMPERATIV – ΠΡΟΣΤΑΚΤΙΚΗ

Präsens **Ενεστώτας**	Aorist **Αόριστος**
βάζε	βάλε
βάζετε	βάλτε

PARTIZIP – ΜΕΤΟΧΗ

Präsens **Ενεστώτας**	Perfekt (Passiv) **Παρακείμενος**
βάζοντας	βαλμένος

βαραίνω

Gewicht zulegen, schwer werden

Unregelmäßiges Verb

INDIKATIV – ΟΡΙΣΤΙΚΗ

Präsens Ενεστώτας	Aorist Αόριστος
βαραίνω	βάρυνα
βαραίνεις	βάρυνες
βαραίνει	βάρυνε
βαραίνουμε	βαρύναμε
βαραίνετε	βαρύνατε
βαραίνουν(ε)	βάρυναν/βαρύνανε

Perfekt
Παρακείμενος

έχω	βαρύνει
έχεις	βαρύνει
έχει	βαρύνει
έχουμε	βαρύνει
έχετε	βαρύνει
έχουν	βαρύνει

Imperfekt Παρατατικός	Plusquamperfekt Υπερσυντέλικος
βάραινα	είχα βαρύνει
βάραινες	είχες βαρύνει
βάραινε	είχε βαρύνει
βαραίναμε	είχαμε βαρύνει
βαραίνατε	είχατε βαρύνει
βάραιναν/βαραίνανε	είχαν βαρύνει

KONJUNKTIV – ΥΠΟΤΑΚΤΙΚΗ

Präsens Ενεστώτας	Aorist Αόριστος
να βαραίνω	να βαρύνω
να βαραίνεις	να βαρύνεις
να βαραίνει	να βαρύνει
να βαραίνουμε	να βαρύνουμε
να βαραίνετε	να βαρύνετε
να βαραίνουν(ε)	να βαρύνουν

Perfekt Παρακείμενος	Wunschform Ευχετική
να έχω βαρύνει	να βάραινα
να έχεις βαρύνει	να βάραινες
να έχει βαρύνει	να βάραινε
να έχουμε βαρύνει	να βαραίναμε
να έχετε βαρύνει	να βαραίνατε
να έχουν βαρύνει	να βάραιναν/βαραίνανε

KONDITIONAL – ΥΠΟΘΕΤΙΚΗ

der Gegenwart του παρόντος	der Vergangenheit του παρελθόντος
θα βάραινα	θα είχα βαρύνει
θα βάραινες	θα είχες βαρύνει
θα βάραινε	θα είχε βαρύνει
θα βαραίναμε	θα είχαμε βαρύνει
θα βαραίνατε	θα είχατε βαρύνει
θα βάραιναν/βαραίνανε	θα είχαν βαρύνει

Futur continuum Εξακολουθητικός μέλλοντας	einmaliges Futur Στιγμιαίος μέλλοντας	abgeschlossenes Futur Συντελεσμένος μέλλοντας
θα βαραίνω	θα βαρύνω	θα έχω βαρύνει
θα βαραίνεις	θα βαρύνεις	θα έχεις βαρύνει
θα βαραίνει	θα βαρύνει	θα έχει βαρύνει
θα βαραίνουμε	θα βαρύνουμε	θα έχουμε βαρύνει
θα βαραίνετε	θα βαρύνετε	θα έχετε βαρύνει
θα βαραίνουν	θα βαρύνουν	θα έχουν βαρύνει

IMPERATIV – ΠΡΟΣΤΑΚΤΙΚΗ

Präsens Ενεστώτας	Aorist Αόριστος
βάραινε	βάρυνε
βαραίνετε	βαρύνετε

PARTIZIP – ΜΕΤΟΧΗ

Präsens Ενεστώτας	Perfekt (Passiv) Παρακείμενος
βαραίνοντας	βαρεμένος

βγάζω

herausbringen, -tun, -nehmen

Unregelmäßiges Verb

INDIKATIV – ΟΡΙΣΤΙΚΗ

Präsens **Ενεστώτας**	Aorist **Αόριστος**
βγάζω	έβγαλα
βγάζεις	έβγαλες
βγάζει	έβγαλε
βγάζουμε	(ε)βγάλαμε
βγάζετε	(ε)βγάλατε
βγάζουν(ε)	έβγαλαν/βγάλανε

Perfekt
Παρακείμενος

έχω βγάλει
έχεις βγάλει
έχει βγάλει
έχουμε βγάλει
έχετε βγάλει
έχουν βγάλει

Imperfekt Παρατατικός	**Plusquamperfekt Υπερσυντέλικος**
έβγαζα	είχα βγάλει
έβγαζες	είχες βγάλει
έβγαζε	είχε βγάλει
(ε)βγάζαμε	είχαμε βγάλει
(ε)βγάζατε	είχατε βγάλει
έβγαζαν/βγάζανε	είχαν βγάλει

KONJUNKTIV – ΥΠΟΤΑΚΤΙΚΗ

Präsens **Ενεστώτας**	Aorist **Αόριστος**
να βγάζω	να βγάλω
να βγάζεις	να βγάλεις
να βγάζει	να βγάλει
να βγάζουμε	να βγάλουμε
να βγάζετε	να βγάλετε
να βγάζουν(ε)	να βγάλουν(ε)

Perfekt Παρακείμενος	**Wunschform Ευχετική**
να έχω βγάλει	να έβγαζα
να έχεις βγάλει	να έβγαζες
να έχει βγάλει	να έβγαζε
να έχουμε βγάλει	να (ε) βγάζαμε
να έχετε βγάλει	να (ε)βγάζατε
να έχουν βγάλει	να έβγαζαν/βγάζανε

KONDITIONAL – ΥΠΟΘΕΤΙΚΗ

der Gegenwart του παρόντος	**der Vergangenheit του παρελθόντος**
θα έβγαζα	θα είχα βγάλει
θα έβγαζες	θα είχες βγάλει
θα έβγαζε	θα είχε βγάλει
θα (ε)βγάζαμε	θα είχαμε βγάλει
θα (ε)βγάζατε	θα είχατε βγάλει
θα έβγαζαν/βγάζανε	θα είχαν βγάλει

Futur continuum Εξακολουθητικός μέλλοντας	**einmaliges Futur Στιγμιαίος μέλλοντας**	**abgeschlossenes Futur Συντελεσμένος μέλλοντας**
θα βγάζω	θα βγάλω	θα έχω βγάλει
θα βγάζεις	θα βγάλεις	θα έχεις βγάλει
θα βγάζει	θα βγάλει	θα έχει βγάλει
θα βγάζουμε	θα βγάλουμε	θα έχουμε βγάλει
θα βγάζετε	θα βγάλετε	θα έχετε βγάλει
θα βγάζουν(ε)	θα βγάλουν(ε)	θα έχουν βγάλει

IMPERATIV – ΠΡΟΣΤΑΚΤΙΚΗ

Präsens Ενεστώτας	**Aorist Αόριστος**
βγάζε	βγάλε
βγάζετε	βγάλ(ε)τε

PARTIZIP – ΜΕΤΟΧΗ

Präsens Ενεστώτας	**Perfekt (Passiv) Παρακείμενος**
βγάζοντας	βγαλμένος

βγαίνω

ausgehen, hinaustreten

Unregelmäßiges Verb

INDIKATIV – ΟΡΙΣΤΙΚΗ

Präsens **Ενεστώτας**	Aorist **Αόριστος**
βγαίνω	βγήκα
βγαίνεις	βγήκες
βγαίνει	βγήκε
βγαίνουμε	βγήκαμε
βγαίνετε	βγήκατε
βγαίνουν(ε)	βγήκαν(ε)

Perfekt
Παρακείμενος

έχω	βγει
έχεις	βγει
έχει	βγει
έχουμε	βγει
έχετε	βγει
έχουν	βγει

Imperfekt **Παρατατικός**	Plusquamperfekt **Υπερσυντέλικος**
έβγαινα	είχα βγει
έβγαινες	είχες βγει
έβγαινε	είχε βγει
(ε)βγαίναμε	είχαμε βγει
(ε)βγαίνατε	είχατε βγει
έβγαιναν/βγαίνανε	είχαν βγει

KONJUNKTIV – ΥΠΟΤΑΚΤΙΚΗ

Präsens **Ενεστώτας**	Aorist **Αόριστος**
να βγαίνω	να βγω
να βγαίνεις	να βγεις
να βγαίνει	να βγει
να βγαίνουμε	να βγούμε
να βγαίνετε	να βγείτε
να βγαίνουν(ε)	να βγουν/βγούνε

Perfekt **Παρακείμενος**	Wunschform **Ευχετική**
να έχω βγει	να έβγαινα
να έχεις βγει	να έβγαινες
να έχει βγει	να έβγαινε
να έχουμε βγει	να (ε)βγαίναμε
να έχετε βγει	να (ε)βγαίνατε
να έχουν βγει	να έβγαιναν/ βγαίνανε

KONDITIONAL – ΥΠΟΘΕΤΙΚΗ

der Gegenwart **του παρόντος**	der Vergangenheit **του παρελθόντος**
θα έβγαινα	θα είχα βγει
θα έβγαινες	θα είχες βγει
θα έβγαινε	θα είχε βγει
θα (ε)βγαίναμε	θα είχαμε βγει
θα (ε)βγαίνατε	θα είχατε βγει
θα έβγαιναν/ βγαίνανε	θα είχαν βγει

Futur continuum **Εξακολουθητικός μέλλοντας**	einmaliges Futur **Στιγμιαίος μέλλοντας**	abgeschlossenes Futur **Συντελεσμένος μέλλοντας**
θα βγαίνω	θα βγω	θα έχω βγει
θα βγαίνεις	θα βγεις	θα έχεις βγει
θα βγαίνει	θα βγει	θα έχει βγει
θα βγαίνουμε	θα βγούμε	θα έχουμε βγει
θα βγαίνετε	θα βγείτε	θα έχετε βγει
θα βγαίνουν(ε)	θα βγουν/βγούνε	θα έχουν βγει

IMPERATIV – ΠΡΟΣΤΑΚΤΙΚΗ

Präsens **Ενεστώτας**	Aorist **Αόριστος**
βγαίνε	βγες/έβγα
βγαίνετε	βγείτε/βγάτε

PARTIZIP – ΜΕΤΟΧΗ

Präsens **Ενεστώτας**	Perfekt (Passiv) **Παρακείμενος**
βγαίνοντας	βγαλμένος

βλέπω

sehen

Unregelmäßiges Verb
Vorsilbe: απο-, επι-, παρα-, προ-, ξαν-

INDIKATIV – ΟΡΙΣΤΙΚΗ

Präsens Ενεστώτας	Aorist Αόριστος
βλέπω	είδα
βλέπεις	είδες
βλέπει	είδε
βλέπουμε	είδαμε
βλέπετε	είδατε
βλέπουν(ε)	είδαν(ε)

Perfekt Παρακείμενος	
έχω	δει
έχεις	δει
έχει	δει
έχουμε	δει
έχετε	δει
έχουν	δει

Imperfekt Παρατατικός	Plusquamperfekt Υπερσυντέλικος
έβλεπα	είχα δει
έβλεπες	είχες δει
έβλεπε	είχε δει
(ε)βλέπαμε	είχαμε δει
(ε)βλέπατε	είχατε δει
έβλεπαν/βλέπανε	είχαν δει

KONJUNKTIV – ΥΠΟΤΑΚΤΙΚΗ

Präsens Ενεστώτας	Aorist Αόριστος
να βλέπω	να δω
να βλέπεις	να δεις
να βλέπει	να δει
να βλέπουμε	να δούμε
να βλέπετε	να δείτε
να βλέπουν(ε)	να δουν/δούνε

Perfekt Παρακείμενος	Wunschform Ευχετική
να έχω δει	να έβλεπα
να έχεις δει	να έβλεπες
να έχει δει	να έβλεπε
να έχουμε δει	να (ε)βλέπαμε
να έχετε δει	να (ε)βλέπατε
να έχουν δει	να έβλεπαν/βλέπανε

KONDITIONAL – ΥΠΟΘΕΤΙΚΗ

der Gegenwart του παρόντος	der Vergangenheit του παρελθόντος
θα έβλεπα	θα είχα δει
θα έβλεπες	θα είχες δει
θα έβλεπε	θα είχε δει
θα (ε)βλέπαμε	θα είχαμε δει
θα (ε)βλέπατε	θα είχατε δει
θα έβλεπαν/βλέπανε	θα είχαν δει

Futur continuum Εξακολουθητικός μέλλοντας	einmaliges Futur Στιγμιαίος μέλλοντας	abgeschlossenes Futur Συντελεσμένος μέλλοντας
θα βλέπω	θα δω	θα έχω δει
θα βλέπεις	θα δεις	θα έχεις δει
θα βλέπει	θα δει	θα έχει δει
θα βλέπουμε	θα δούμε	θα έχουμε δει
θα βλέπετε	θα δείτε	θα έχετε δει
θα βλέπουν(ε)	θα δουν/δούνε	θα έχουν δει

IMPERATIV – ΠΡΟΣΤΑΚΤΙΚΗ

Präsens Ενεστώτας	Aorist Αόριστος
βλέπε	δες
βλέπετε	δείτε/δέ(σ)τε

PARTIZIP – ΜΕΤΟΧΗ

Präsens Ενεστώτας	Perfekt (Passiv) Παρακείμενος
βλέποντας	ιδωμένος

βρίσκω

finden

Unregelmäßiges Verb

INDIKATIV – ΟΡΙΣΤΙΚΗ

Präsens Ενεστώτας	Aorist Αόριστος
βρίσκω	βρήκα
βρίσκεις	βρήκες
βρίσκει	βρήκε
βρίσκουμε	βρήκαμε
βρίσκετε	βρήκατε
βρίσκουν(ε)	βρήκαν(ε)

Perfekt
Παρακείμενος

έχω	βρει
έχεις	βρει
έχει	βρει
έχουμε	βρει
έχετε	βρει
έχουν	βρει

Imperfekt Παρατατικός	Plusquamperfekt Υπερσυντέλικος
έβρισκα	είχα βρει
έβρισκες	είχες βρει
έβρισκε	είχε βρει
(ε)βρίσκαμε	είχαμε βρει
(ε)βρίσκατε	είχατε βρει
έβρισκαν/βρίσκανε	είχαν βρει

KONJUNKTIV – ΥΠΟΤΑΚΤΙΚΗ

Präsens Ενεστώτας	Aorist Αόριστος
να βρίσκω	να βρω
να βρίσκεις	να βρεις
να βρίσκει	να βρει
να βρίσκουμε	να βρούμε
να βρίσκετε	να βρείτε
να βρίσκουν(ε)	να βρουν/βρούνε

Perfekt Παρακείμενος	Wunschform Ευχετική
να έχω βρει	να έβρισκα
να έχεις βρει	να έβρισκες
να έχει βρει	να έβρισκε
να έχουμε βρει	να (ε)βρίσκαμε
να έχετε βρει	να (ε)βρίσκατε
να έχουν βρει	να έβρισκαν/βρίσκανε

KONDITIONAL – ΥΠΟΘΕΤΙΚΗ

der Gegenwart του παρόντος	der Vergangenheit του παρελθόντος
θα έβρισκα	θα είχα βρει
θα έβρισκες	θα είχες βρει
θα έβρισκε	θα είχε βρει
θα (ε)βρίσκαμε	θα είχαμε βρει
θα (ε)βρίσκατε	θα είχατε βρει
θα έβρισκαν/βρίσκανε	θα είχαν βρει

Futur continuum Εξακολουθητικός μέλλοντας	einmaliges Futur Στιγμιαίος μέλλοντας	abgeschlossenes Futur Συντελεσμένος μέλλοντας
θα βρίσκω	θα βρω	θα έχω βρει
θα βρίσκεις	θα βρεις	θα έχεις βρει
θα βρίσκει	θα βρει	θα έχει βρει
θα βρίσκουμε	θα βρούμε	θα έχουμε βρει
θα βρίσκετε	θα βρείτε	θα έχετε βρει
θα βρίσκουν(ε)	θα βρουν/βρούνε	θα έχουν βρει

IMPERATIV – ΠΡΟΣΤΑΚΤΙΚΗ

Präsens Ενεστώτας	Aorist Αόριστος
βρίσκε	βρες
βρίσκετε	βρείτε

PARTIZIP – ΜΕΤΟΧΗ

Präsens Ενεστώτας	Perfekt (Passiv) Παρακείμενος
βρίσκοντας	–

βυζαίνω

saugen, stillen

Unregelmäßiges Verb

INDIKATIV – ΟΡΙΣΤΙΚΗ

Präsens Ενεστώτας	Aorist Αόριστος
βυζαίνω	βύζαξα
βυζαίνεις	βύζαξες
βυζαίνει	βύζαξε
βυζαίνουμε	βυζάξαμε
βυζαίνετε	βυζάξατε
βυζαίνουν(ε)	βύζαξαν/βυζάξανε

Perfekt Παρακείμενος

έχω	βυζάξει
έχεις	βυζάξει
έχει	βυζάξει
έχουμε	βυζάξει
έχετε	βυζάξει
έχουν	βυζάξει

Imperfekt Παρατατικός	Plusquamperfekt Υπερσυντέλικος	
βύζαινα	είχα	βυζάξει
βύζαινες	είχες	βυζάξει
βύζαινε	είχε	βυζάξει
βυζαίναμε	είχαμε	βυζάξει
βυζαίνατε	είχατε	βυζάξει
βύζαιναν/βυζαίνανε	είχαν	βυζάξει

KONJUNKTIV – ΥΠΟΤΑΚΤΙΚΗ

Präsens Ενεστώτας	Aorist Αόριστος
να βυζαίνω	να βυζάξω
να βυζαίνεις	να βυζάξεις
να βυζαίνει	να βυζάξει
να βυζαίνουμε	να βυζάξουμε
να βυζαίνετε	να βυζάξετε
να βυζαίνουν(ε)	να βυζάξουν(ε)

Perfekt Παρακείμενος		Wunschform Ευχετική
να έχω	βυζάξει	να βύζαινα
να έχεις	βυζάξει	να βύζαινες
να έχει	βυζάξει	να βύζαινε
να έχουμε	βυζάξει	να βυζαίναμε
να έχετε	βυζάξει	να βυζαίνατε
να έχουν	βυζάξει	να βύζαιναν/βυζαίνανε

KONDITIONAL – ΥΠΟΘΕΤΙΚΗ

der Gegenwart του παρόντος	der Vergangenheit του παρελθόντος	
θα βύζαινα	θα είχα	βυζάξει
θα βύζαινες	θα είχες	βυζάξει
θα βύζαινε	θα είχε	βυζάξει
θα βυζαίναμε	θα είχαμε	βυζάξει
θα βυζαίνατε	θα είχατε	βυζάξει
θα βύζαιναν/βυζαίνανε	θα είχαν	βυζάξει

Futur continuum Εξακολουθητικός μέλλοντας	einmaliges Futur Στιγμιαίος μέλλοντας	abgeschlossenes Futur Συντελεσμένος μέλλοντας	
θα βυζαίνω	θα βυζάξω	θα έχω	βυζάξει
θα βυζαίνεις	θα βυζάξεις	θα έχεις	βυζάξει
θα βυζαίνει	θα βυζάξει	θα έχει	βυζάξει
θα βυζαίνουμε	θα βυζάξουμε	θα έχουμε	βυζάξει
θα βυζαίνετε	θα βυζάξετε	θα έχετε	βυζάξει
θα βυζαίνουν(ε)	θα βυζάξουν(ε)	θα έχουν	βυζάξει

IMPERATIV – ΠΡΟΣΤΑΚΤΙΚΗ

Präsens Ενεστώτας	Aorist Αόριστος
βύζαινε	βύζαξε
βυζαίνετε	βυζάξτε

PARTIZIP – ΜΕΤΟΧΗ

Präsens Ενεστώτας	Perfekt (Passiv) Παρακείμενος
βυζαίνοντας	βυζαγμένος

γδέρνω

häuten, aufkratzen

Unregelmäßiges Verb

INDIKATIV – ΟΡΙΣΤΙΚΗ

Präsens **Ενεστώτας**	Aorist **Αόριστος**
γδέρνω	έγδαρα
γδέρνεις	έγδαρες
γδέρνει	έγδαρε
γδέρνουμε	(ε)γδάραμε
γδέρνετε	(ε)γδάρατε
γδέρνουν(ε)	έγδαραν/γδάρανε

Perfekt
Παρακείμενος

έχω	γδάρει
έχεις	γδάρει
έχει	γδάρει
έχουμε	γδάρει
έχετε	γδάρει
έχουν	γδάρει

Imperfekt **Παρατατικός**	Plusquamperfekt **Υπερσυντέλικος**
έγδερνα	είχα γδάρει
έγδερνες	είχες γδάρει
έγδερνε	είχε γδάρει
(ε)γδέρναμε	είχαμε γδάρει
(ε)γδέρνατε	είχατε γδάρει
έγδερναν/γδέρνανε	είχαν γδάρει

KONJUNKTIV – ΥΠΟΤΑΚΤΙΚΗ

Präsens **Ενεστώτας**	Aorist **Αόριστος**
να γδέρνω	να γδάρω
να γδέρνεις	να γδάρεις
να γδέρνει	να γδάρει
να γδέρνουμε	να γδάρουμε
να γδέρνετε	να γδάρετε
να γδέρνουν(ε)	να γδάρουν(ε)

Perfekt **Παρακείμενος**	Wunschform **Ευχετική**
να έχω γδάρει	να έγδερνα
να έχεις γδάρει	να έγδερνες
να έχει γδάρει	να έγδερνε
να έχουμε γδάρει	να (ε)γδέρναμε
να έχετε γδάρει	να (ε)γδέρνατε
να έχουν γδάρει	να έγδερναν/γδέρνανε

KONDITIONAL – ΥΠΟΘΕΤΙΚΗ

der Gegenwart **του παρόντος**	der Vergangenheit **του παρελθόντος**
θα έγδερνα	θα είχα γδάρει
θα έγδερνες	θα είχες γδάρει
θα έγδερνε	θα είχε γδάρει
θα (ε)γδέρναμε	θα είχαμε γδάρει
θα (ε)γδέρνατε	θα είχατε γδάρει
θα έγδερναν/γδέρνανε	θα είχαν γδάρει

Futur continuum **Εξακολουθητικός μέλλοντας**	einmaliges Futur **Στιγμιαίος μέλλοντας**	abgeschlossenes Futur **Συντελεσμένος μέλλοντας**
θα γδέρνω	θα γδάρω	θα έχω γδάρει
θα γδέρνεις	θα γδάρεις	θα έχεις γδάρει
θα γδέρνει	θα γδάρει	θα έχει γδάρει
θα γδέρνουμε	θα γδάρουμε	θα έχουμε γδάρει
θα γδέρνετε	θα γδάρετε	θα έχετε γδάρει
θα γδέρνουν(ε)	θα γδάρουν(ε)	θα έχουν γδάρει

IMPERATIV – ΠΡΟΣΤΑΚΤΙΚΗ

Präsens **Ενεστώτας**	Aorist **Αόριστος**
γδέρνε	γδάρε
γδέρνετε	γδάρ(ε)τε

PARTIZIP – ΜΕΤΟΧΗ

Präsens **Ενεστώτας**	Perfekt (Passiv) **Παρακείμενος**
γδέρνοντας	γδαρμένος

γελιέμαι

sich irren

Unregelmäßiges reflexives Verb

INDIKATIV – ΟΡΙΣΤΙΚΗ

Präsens Ενεστώτας	Aorist Αόριστος
γελιέμαι	γελάστηκα
γελιέσαι	γελάστηκες
γελιέται	γελάστηκε
γελιόμαστε	γελαστήκαμε
γελιέστε	γελαστήκατε
γελιούνται	γελάστηκαν/ γελαστήκανε

Perfekt Παρακείμενος

έχω	γελαστεί
έχεις	γελαστεί
έχει	γελαστεί
έχουμε	γελαστεί
έχετε	γελαστεί
έχουν	γελαστεί

Imperfekt Παρατατικός	Plusquamperfekt Υπερσυντέλικος
γελιόμουν	είχα γελαστεί
γελιόσουν	είχες γελαστεί
γελιόταν	είχε γελαστεί
γελιόμαστε	είχαμε γελαστεί
γελιόσαστε	είχατε γελαστεί
γελιόνταν/γελιούνταν	είχαν γελαστεί

KONJUNKTIV – ΥΠΟΤΑΚΤΙΚΗ

Präsens Ενεστώτας	Aorist Αόριστος
να γελιέμαι	να γελαστώ
να γελιέσαι	να γελαστείς
να γελιέται	να γελαστεί
να γελιόμαστε	να γελαστούμε
να γελιέστε	να γελαστείτε
να γελιούνται	να γελαστούν(ε)

Perfekt Παρακείμενος	Wunschform Ευχετική
να έχω γελαστεί	να γελιόμουν
να έχεις γελαστεί	να γελιόσουν
να έχει γελαστεί	να γελιόταν
να έχουμε γελαστεί	να γελιόμαστε
να έχετε γελαστεί	να γελιόσαστε
να έχουν γελαστεί	να γελιόνταν

KONDITIONAL – ΥΠΟΘΕΤΙΚΗ

der Gegenwart του παρόντος	der Vergangenheit του παρελθόντος
θα γελιόμουν	θα είχα γελαστεί
θα γελιόσουν	θα είχες γελαστεί
θα γελιόταν	θα είχε γελαστεί
θα γελιόμαστε	θα είχαμε γελαστεί
θα γελιόσαστε	θα είχατε γελαστεί
θα γελιόνταν	θα είχαν γελαστεί

Futur continuum Εξακολουθητικός μέλλοντας	einmaliges Futur Στιγμιαίος μέλλοντας	abgeschlossenes Futur Συντελεσμένος μέλλοντας
θα γελιέμαι	θα γελαστώ	θα έχω γελαστεί
θα γελιέσαι	θα γελαστείς	θα έχεις γελαστεί
θα γελιέται	θα γελαστεί	θα έχει γελαστεί
θα γελιόμαστε	θα γελαστούμε	θα έχουμε γελαστεί
θα γελιέστε	θα γελαστείτε	θα έχετε γελαστεί
θα γελιούνται	θα γελαστούν	θα έχουν γελαστεί

IMPERATIV – ΠΡΟΣΤΑΚΤΙΚΗ

Präsens Ενεστώτας	Aorist Αόριστος
–	γέλασε
–	γελάστε

PARTIZIP – ΜΕΤΟΧΗ

Präsens Ενεστώτας	Perfekt (Passiv) Παρακείμενος
–	γελασμένος

γέρνω

neigen, anlehnen, sich hinlegen

Unregelmäßiges Verb

INDIKATIV – ΟΡΙΣΤΙΚΗ

Präsens Ενεστώτας	**Aorist Αόριστος**
γέρνω	έγειρα
γέρνεις	έγειρες
γέρνει	έγειρε
γέρνουμε	(ε)γείραμε
γέρνετε	(ε)γείρατε
γέρνουν(ε)	έγειραν/γείρανε

Perfekt
Παρακείμενος

έχω	γείρει
έχεις	γείρει
έχει	γείρει
έχουμε	γείρει
έχετε	γείρει
έχουν	γείρει

Imperfekt Παρατατικός	**Plusquamperfekt Υπερσυντέλικος**	
έγερνα	είχα	γείρει
έγερνες	είχες	γείρει
έγερνε	είχε	γείρει
(ε)γέρναμε	είχαμε	γείρει
(ε)γέρνατε	είχατε	γείρει
έγερναν/γέρνανε	είχαν	γείρει

KONJUNKTIV – ΥΠΟΤΑΚΤΙΚΗ

Präsens Ενεστώτας	**Aorist Αόριστος**
να γέρνω	να γείρω
να γέρνεις	να γείρεις
να γέρνει	να γείρει
να γέρνουμε	να γείρουμε
να γέρνετε	να γείρετε
να γέρνουν(ε)	να γείρουν(ε)

Perfekt Παρακείμενος		**Wunschform Ευχετική**
να έχω	γείρει	να έγερνα
να έχεις	γείρει	να έγερνες
να έχει	γείρει	να έγερνε
να έχουμε	γείρει	να (ε)γέρναμε
να έχετε	γείρει	να (ε)γέρνατε
να έχουν	γείρει	να έγερναν/γέρνανε

KONDITIONAL – ΥΠΟΘΕΤΙΚΗ

der Gegenwart του παρόντος	**der Vergangenheit του παρελθόντος**	
θα έγερνα	θα είχα	γείρει
θα έγερνες	θα είχες	γείρει
θα έγερνε	θα είχε	γείρει
θα (ε)γέρναμε	θα είχαμε	γείρει
θα (ε)γέρνατε	θα είχατε	γείρει
θα έγερναν/γέρνανε	θα είχαν	γείρει

Futur continuum Εξακολουθητικός μέλλοντας	**einmaliges Futur Στιγμιαίος μέλλοντας**	**abgeschlossenes Futur Συντελεσμένος μέλλοντας**	
θα γέρνω	θα γείρω	θα έχω	γείρει
θα γέρνεις	θα γείρεις	θα έχεις	γείρει
θα γέρνει	θα γείρει	θα έχει	γείρει
θα γέρνουμε	θα γείρουμε	θα έχουμε	γείρει
θα γέρνετε	θα γείρετε	θα έχετε	γείρει
θα γέρνουν(ε)	θα γείρουν(ε)	θα έχουν	γείρει

IMPERATIV – ΠΡΟΣΤΑΚΤΙΚΗ

Präsens Ενεστώτας	**Aorist Αόριστος**
γέρνε	γείρε
γέρνετε	γείρ(ε)τε

PARTIZIP – ΜΕΤΟΧΗ

Präsens Ενεστώτας	**Perfekt (Passiv) Παρακείμενος**
γέρνοντας	γερμένος

1. Konjugation

γυρίζω

(um)drehen, wenden, zurückkehren

Unregelmäßiges Verb

INDIKATIV – ΟΡΙΣΤΙΚΗ

Präsens Ενεστώτας	Aorist Αόριστος
γυρίζω	γύρισα
γυρίζεις	γύρισες
γυρίζει	γύρισε
γυρίζουμε	γυρίσαμε
γυρίζετε	γυρίσατε
γυρίζουν(ε)	γύρισαν/γυρίσανε

Perfekt Παρακείμενος

έχω γυρίσει
έχεις γυρίσει
έχει γυρίσει
έχουμε γυρίσει
έχετε γυρίσει
έχουν γυρίσει

Imperfekt Παρατατικός	Plusquamperfekt Υπερσυντέλικος
γύριζα	είχα γυρίσει
γύριζες	είχες γυρίσει
γύριζε	είχε γυρίσει
γυρίζαμε	είχαμε γυρίσει
γυρίζατε	είχατε γυρίσει
γύριζαν/γυρίζανε	είχαν γυρίσει

KONJUNKTIV – ΥΠΟΤΑΚΤΙΚΗ

Präsens Ενεστώτας	Aorist Αόριστος
να γυρίζω	να γυρίσω
να γυρίζεις	να γυρίσεις
να γυρίζει	να γυρίσει
να γυρίζουμε	να γυρίσουμε
να γυρίζετε	να γυρίσετε
να γυρίζουν(ε)	να γυρίσουν(ε)

Perfekt Παρακείμενος	Wunschform Ευχετική
να έχω γυρίσει	να γύριζα
να έχεις γυρίσει	να γύριζες
να έχει γυρίσει	να γύριζε
να έχουμε γυρίσει	να γυρίζαμε
να έχετε γυρίσει	να γυρίζατε
να έχουν γυρίσει	να γύριζαν/γυρίζανε

KONDITIONAL – ΥΠΟΘΕΤΙΚΗ

der Gegenwart του παρόντος	der Vergangenheit του παρελθόντος
θα γύριζα	θα είχα γυρίσει
θα γύριζες	θα είχες γυρίσει
θα γύριζε	θα είχε γυρίσει
θα γυρίζαμε	θα είχαμε γυρίσει
θα γυρίζατε	θα είχατε γυρίσει
θα γύριζαν/γυρίζανε	θα είχαν γυρίσει

Futur continuum Εξακολουθητικός μέλλοντας	einmaliges Futur Στιγμιαίος μέλλοντας	abgeschlossenes Futur Συντελεσμένος μέλλοντας
θα γυρίζω	θα γυρίσω	θα έχω γυρίσει
θα γυρίζεις	θα γυρίσεις	θα έχεις γυρίσει
θα γυρίζει	θα γυρίσει	θα έχει γυρίσει
θα γυρίζουμε	θα γυρίσουμε	θα έχουμε γυρίσει
θα γυρίζετε	θα γυρίσετε	θα έχετε γυρίσει
θα γυρίζουν(ε)	θα γυρίσουν(ε)	θα έχουν γυρίσει

IMPERATIV – ΠΡΟΣΤΑΚΤΙΚΗ

Präsens Ενεστώτας	Aorist Αόριστος
γύριζε	γύρισε
γυρίζετε	γυρίσ(ε)τε

PARTIZIP – ΜΕΤΟΧΗ

Präsens Ενεστώτας	Perfekt (Passiv) Παρακείμενος
γυρίζοντας	γυρισμένος

διαρρηγνύω

aufbrechen, einbrechen

Unregelmäßiges Verb

INDIKATIV – ΟΡΙΣΤΙΚΗ

Präsens Ενεστώτας	Aorist Αόριστος
διαρρηγνύω	διέρρηξα
διαρρηγνύεις	διέρρηξες
διαρρηγνύει	διέρρηξε
διαρρηγνύουμε	διαρρήξαμε
διαρρηγνύετε	διαρρήξατε
διαρρηγνύουν(ε)	διέρρηξαν/διαρρήξανε

Perfekt Παρακείμενος

έχω	διαρρήξει
έχεις	διαρρήξει
έχει	διαρρήξει
έχουμε	διαρρήξει
έχετε	διαρρήξει
έχουν	διαρρήξει

Imperfekt Παρατατικός	Plusquamperfekt Υπερσυντέλικος
διαρρήγνυα	είχα διαρρήξει
διερρήγνυες	είχες διαρρήξει
διερρήγνυε	είχε διαρρήξει
διαρρηγνύαμε	είχαμε διαρρήξει
διαρρηγνύατε	είχατε διαρρήξει
διερρήγνυαν/ διερρηγνύαν(ε)	είχαν διαρρήξει

KONJUNKTIV – ΥΠΟΤΑΚΤΙΚΗ

Präsens Ενεστώτας	Aorist Αόριστος
να διαρρηγνύω	να διαρρήξω
να διαρρηγνύεις	να διαρρήξεις
να διαρρηγνύει	να διαρρήξει
να διαρρηγνύουμε	να διαρρήξουμε
να διαρρηγνύετε	να διαρρήξετε
να διαρρηγνύουν(ε)	να διαρρήξουν(ε)

Perfekt Παρακείμενος	Wunschform Ευχετική
να έχω διαρρήξει	να διαρρήγνυα
να έχεις διαρρήξει	να διερρήγνυες
να έχει διαρρήξει	να διερρήγνυε
να έχουμε διαρρήξει	να διαρρηγνύαμε
να έχετε διαρρήξει	να διαρρηγνύατε
να έχουν διαρρήξει	να διερρήγνυαν/ διερρηγνύανε

KONDITIONAL – ΥΠΟΘΕΤΙΚΗ

der Gegenwart του παρόντος	der Vergangenheit του παρελθόντος
θα διαρρήγνυα	θα είχα διαρρήξει
θα διερρήγνυες	θα είχες διαρρήξει
θα διερρήγνυε	θα είχε διαρρήξει
θα διαρρηγνύαμε	θα είχαμε διαρρήξει
θα διαρρηγνύατε	θα είχατε διαρρήξει
θα διερρήγνυαν/ διερρηγνύαν(ε)	θα είχαν διαρρήξει

Futur continuum Εξακολουθητικός μέλλοντας	einmaliges Futur Στιγμιαίος μέλλοντας	abgeschlossenes Futur Συντελεσμένος μέλλοντας
θα διαρρηγνύω	θα διαρρήξω	θα έχω διαρρήξει
θα διαρρηγνύεις	θα διαρρήξεις	θα έχεις διαρρήξει
θα διαρρηγνύει	θα διαρρήξει	θα έχει διαρρήξει
θα διαρρηγνύουμε	θα διαρρήξουμε	θα έχουμε διαρρήξει
θα διαρρηγνύετε	θα διαρρήξετε	θα έχετε διαρρήξει
θα διαρρηγνύουν(ε)	θα διαρρήξουν(ε)	θα έχουν διαρρήξει

IMPERATIV – ΠΡΟΣΤΑΚΤΙΚΗ

Präsens Ενεστώτας	Aorist Αόριστος
διαρρήγνυε	διάρρηξε
διαρρηγνύετε	διαρρήξτε

PARTIZIP – ΜΕΤΟΧΗ

Präsens Ενεστώτας	Perfekt (Passiv) Παρακείμενος
διαρρηγνύοντας	διαρρηγμένος

δίνω

geben

Unregelmäßiges Verb

INDIKATIV – ΟΡΙΣΤΙΚΗ

Präsens Ενεστώτας	Aorist Αόριστος
δίνω	έδωσα
δίνεις	έδωσες
δίνει	έδωσε
δίνουμε	(ε)δώσαμε
δίνετε	(ε)δώσατε
δίνουν(ε)	έδωσαν/δώσανε

Perfekt
Παρακείμενος

έχω	δώσει
έχεις	δώσει
έχει	δώσει
έχουμε	δώσει
έχετε	δώσει
έχουν	δώσει

Imperfekt Παρατατικός	Plusquamperfekt Υπερσυντέλικος	
έδινα	είχα	δώσει
έδινες	είχες	δώσει
έδινε	είχε	δώσει
(ε)δίναμε	είχαμε	δώσει
(ε)δίνατε	είχατε	δώσει
έδιναν/δίνανε	είχαν	δώσει

KONJUNKTIV – ΥΠΟΤΑΚΤΙΚΗ

Präsens Ενεστώτας	Aorist Αόριστος
να δίνω	να δώσω
να δίνεις	να δώσεις
να δίνει	να δώσει
να δίνουμε	να δώσουμε
να δίνετε	να δώσετε
να δίνουν(ε)	να δώσουν(ε)

Perfekt Παρακείμενος		Wunschform Ευχετική
να έχω	δώσει	να έδινα
να έχεις	δώσει	να έδινες
να έχει	δώσει	να έδινε
να έχουμε	δώσει	να (ε)δίναμε
να έχετε	δώσει	να (ε)δίνατε
να έχουν	δώσει	να έδιναν/δίνανε

KONDITIONAL – ΥΠΟΘΕΤΙΚΗ

der Gegenwart του παρόντος	der Vergangenheit του παρελθόντος	
θα έδινα	θα είχα	δώσει
θα έδινες	θα είχες	δώσει
θα έδινε	θα είχε	δώσει
θα (ε)δίναμε	θα είχαμε	δώσει
θα (ε)δίνατε	θα είχατε	δώσει
θα έδιναν/δίνανε	θα είχαν	δώσει

Futur continuum Εξακολουθητικός μέλλοντας	einmaliges Futur Στιγμιαίος μέλλοντας	abgeschlossenes Futur Συντελεσμένος μέλλοντας	
θα δίνω	θα δώσω	θα έχω	δώσει
θα δίνεις	θα δώσεις	θα έχεις	δώσει
θα δίνει	θα δώσει	θα έχει	δώσει
θα δίνουμε	θα δώσουμε	θα έχουμε	δώσει
θα δίνετε	θα δώσετε	θα έχετε	δώσει
θα δίνουν(ε)	θα δώσουν(ε)	θα έχουν	δώσει

IMPERATIV – ΠΡΟΣΤΑΚΤΙΚΗ

Präsens Ενεστώτας	Aorist Αόριστος
δίνε	δώσε
δίνετε	δώσ(ε)τε

PARTIZIP – ΜΕΤΟΧΗ

Präsens Ενεστώτας	Perfekt (Passiv) Παρακείμενος
δίνοντας	δοσμένος

δουλεύω

arbeiten

Verben, die auf -εύω enden, bilden in der Regel den aktiven Aorist auf -εψα.

INDIKATIV – ΟΡΙΣΤΙΚΗ

Präsens Ενεστώτας	**Aorist Αόριστος**
δουλεύω	δούλε**ψα**
δουλεύεις	δούλε**ψες**
δουλεύει	δούλε**ψε**
δουλεύουμε	δουλέ**ψαμε**
δουλεύετε	δουλέ**ψατε**
δουλεύουν(ε)	δούλε**ψαν**/ δουλέ**ψανε**

Perfekt Παρακείμενος

έχω	δουλέψει
έχεις	δουλέψει
έχει	δουλέψει
έχουμε	δουλέψει
έχετε	δουλέψει
έχουν	δουλέψει

Imperfekt Παρατατικός	**Plusquamperfekt Υπερσυντέλικος**	
δούλευα	είχα	δουλέψει
δούλευες	είχες	δουλέψει
δούλευε	είχε	δουλέψει
δουλεύαμε	είχαμε	δουλέψει
δουλεύατε	είχατε	δουλέψει
δούλευαν/δουλεύανε	είχαν	δουλέψει

KONJUNKTIV – ΥΠΟΤΑΚΤΙΚΗ

Präsens Ενεστώτας	**Aorist Αόριστος**
να δουλεύω	να δουλέ**ψω**
να δουλεύεις	να δουλέ**ψεις**
να δουλεύει	να δουλέ**ψει**
να δουλεύουμε	να δουλέ**ψουμε**
να δουλεύετε	να δουλέ**ψετε**
να δουλεύουν(ε)	να δουλέ**ψουν(ε)**

Perfekt Παρακείμενος		**Wunschform Ευχετική**
να έχω	δουλέψει	να δούλευα
να έχεις	δουλέψει	να δούλευες
να έχει	δουλέψει	να δούλευε
να έχουμε	δουλέψει	να δουλεύαμε
να έχετε	δουλέψει	να δουλεύατε
να έχουν	δουλέψει	να δούλευαν/ δουλεύανε

KONDITIONAL – ΥΠΟΘΕΤΙΚΗ

der Gegenwart του παρόντος	**der Vergangenheit του παρελθόντος**	
θα δούλευα	θα είχα	δουλέψει
θα δούλευες	θα είχες	δουλέψει
θα δούλευε	θα είχε	δουλέψει
θα δουλεύαμε	θα είχαμε	δουλέψει
θα δουλεύατε	θα είχατε	δουλέψει
θα δούλευαν/ δουλεύανε	θα είχαν	δουλέψει

Futur continuum Εξακολουθητικός μέλλοντας	**einmaliges Futur Στιγμιαίος μέλλοντας**	**abgeschlossenes Futur Συντελεσμένος μέλλοντας**	
θα δουλεύω	θα δουλέψω	θα έχω	δουλέψει
θα δουλεύεις	θα δουλέψεις	θα έχεις	δουλέψει
θα δουλεύει	θα δουλέψει	θα έχει	δουλέψει
θα δουλεύουμε	θα δουλέψουμε	θα έχουμε	δουλέψει
θα δουλεύετε	θα δουλέψετε	θα έχετε	δουλέψει
θα δουλεύουν(ε)	θα δουλέψουν(ε)	θα έχουν	δουλέψει

IMPERATIV – ΠΡΟΣΤΑΚΤΙΚΗ

Präsens Ενεστώτας	**Aorist Αόριστος**
δούλευε	δούλ**εψε**
δουλεύετε	δουλ**έψτε**

PARTIZIP – ΜΕΤΟΧΗ

Präsens Ενεστώτας	**Perfekt (Passiv) Παρακείμενος**
δουλεύοντας	δουλε**μένος**

εγγυώμαι

garantieren, bürgen

Mediales Verb

INDIKATIV – ΟΡΙΣΤΙΚΗ

Präsens Ενεστώτας	Aorist Αόριστος
εγγυώμαι	εγγυήθηκα
εγγυ**άσαι**	εγγυήθηκες
εγγυ**άται**	εγγυήθηκε
εγγυόμαστε/εγγυώμεθα	εγγυηθήκαμε
εγγυ**άστε**/εγγυάσθε	εγγυηθήκατε
εγγυώνται	εγγυήθηκαν/ εγγυηθήκανε

Perfekt
Παρακείμενος

έχω	εγγυηθεί
έχεις	εγγυηθεί
έχει	εγγυηθεί
έχουμε	εγγυηθεί
έχετε	εγγυηθεί
έχουν	εγγυηθεί

Imperfekt Παρατατικός	Plusquamperfekt Υπερσυντέλικος
εγγυόμουν	είχα εγγυηθεί
εγγυόσουν	είχες εγγυηθεί
εγγυόταν	είχε εγγυηθεί
εγγυόμασταν	είχαμε εγγυηθεί
εγγυόσασταν	είχατε εγγυηθεί
εγγυόνταν	είχαν εγγυηθεί

KONJUNKTIV – ΥΠΟΤΑΚΤΙΚΗ

Präsens Ενεστώτας	Aorist Αόριστος
να εγγυώμαι	να εγγυηθώ
να εγγυάσαι	να εγγυηθείς
να εγγυάται	να εγγυηθεί
να εγγυόμαστε/εγγυώμεθα	να εγγυηθούμε
να εγγυάστε/εγγυάσθε	να εγγυηθείτε
να εγγυώνται	να εγγυηθούν

Perfekt Παρακείμενος	Wunschform Ευχετική
να έχω εγγυηθεί	να εγγυόμουν
να έχεις εγγυηθεί	να εγγυόσουν
να έχει εγγυηθεί	να εγγυόταν
να έχουμε εγγυηθεί	να εγγυόμασταν
να έχετε εγγυηθεί	να εγγυόσασταν
να έχουν εγγυηθεί	να εγγυόνταν

KONDITIONAL – ΥΠΟΘΕΤΙΚΗ

der Gegenwart του παρόντος	der Vergangenheit του παρελθόντος
θα εγγυόμουν	θα είχα εγγυηθεί
θα εγγυόσουν	θα είχες εγγυηθεί
θα εγγυόταν	θα είχε εγγυηθεί
θα εγγυόμασταν	θα είχαμε εγγυηθεί
θα εγγυόσασταν	θα είχατε εγγυηθεί
θα εγγυόνταν	θα είχαν εγγυηθεί

Futur continuum Εξακολουθητικός μέλλοντας	einmaliges Futur Στιγμιαίος μέλλοντας	abgeschlossenes Futur Συντελεσμένος μέλλοντας
θα εγγυώμαι	θα εγγυηθώ	θα έχω εγγυηθεί
θα εγγυάσαι	θα εγγυηθείς	θα έχεις εγγυηθεί
θα εγγυάται	θα εγγυηθεί	θα έχει εγγυηθεί
θα εγγυόμαστε/εγγυώμεθα	θα εγγυηθούμε	θα έχουμε εγγυηθεί
θα εγγυάστε/εγγυάσθε	θα εγγυηθείτε	θα έχετε εγγυηθεί
θα εγγυώνται	θα εγγυηθούν	θα έχουν εγγυηθεί

IMPERATIV – ΠΡΟΣΤΑΚΤΙΚΗ

Präsens Ενεστώτας	Aorist Αόριστος
εγγύα	εγγυήσου
εγγυάτε	εγγυηθείτε

PARTIZIP – ΜΕΤΟΧΗ

Präsens Ενεστώτας	Perfekt (Passiv) Παρακείμενος
εγγυόμενος	εγγυημένος

εισάγομαι

eingeliefert werden (z.B. ins Krankenhaus), zugelassen werden (Universität, als Zeuge vor Gericht)

Unregelmäßiges Verb

INDIKATIV – ΟΡΙΣΤΙΚΗ

Präsens **Ενεστώτας**	Aorist **Αόριστος**
εισάγομαι	εισήχθηκα
εισάγεσαι	εισήχθηκες
εισάγεται	εισήχθηκε
εισαγόμαστε	εισηχθήκαμε
εισάγεστε	εισηχθήκατε
εισάγονται	εισήχθηκαν

Perfekt
Παρακείμενος

έχω	εισαχθεί
έχεις	εισαχθεί
έχει	εισαχθεί
έχουμε	εισαχθεί
έχετε	εισαχθεί
έχουν	εισαχθεί

Imperfekt **Παρατατικός**	Plusquamperfekt **Υπερσυντέλικος**
εισαγόμουν	είχα εισαχθεί
εισαγόσουν	είχες εισαχθεί
εισαγόταν	είχε εισαχθεί
εισαγόμασταν	είχαμε εισαχθεί
εισαγόσασταν	είχατε εισαχθεί
εισάγονταν	είχαν εισαχθεί

KONJUNKTIV – ΥΠΟΤΑΚΤΙΚΗ

Präsens **Ενεστώτας**	Aorist **Αόριστος**
να εισάγομαι	να εισαχθώ
να εισάγεσαι	να εισαχθείς
να εισάγεται	να εισαχθεί
να εισαγόμαστε	να εισαχθούμε
να εισάγεστε	να εισαχθείτε
να εισάγονται	να εισαχθούν(ε)

Perfekt **Παρακείμενος**	Wunschform **Ευχετική**
να έχω εισαχθεί	να εισαγόμουν
να έχεις εισαχθεί	να εισαγόσουν
να έχει εισαχθεί	να εισαγόταν
να έχουμε εισαχθεί	να εισαγόμασταν
να έχετε εισαχθεί	να εισαγόσασταν
να έχουν εισαχθεί	να εισάγονταν

KONDITIONAL – ΥΠΟΘΕΤΙΚΗ

der Gegenwart **του παρόντος**	der Vergangenheit **του παρελθόντος**
θα εισαγόμουν	θα είχα εισαχθεί
θα εισαγόσουν	θα είχες εισαχθεί
θα εισαγόταν	θα είχε εισαχθεί
θα εισαγόμασταν	θα είχαμε εισαχθεί
θα εισαγόσασταν	θα είχατε εισαχθεί
θα εισάγονταν	θα είχαν εισαχθεί

Futur continuum **Εξακολουθητικός μέλλοντας**	einmaliges Futur **Στιγμιαίος μέλλοντας**	abgeschlossenes Futur **Συντελεσμένος μέλλοντας**
θα εισάγομαι	θα εισαχθώ	θα έχω εισαχθεί
θα εισάγεσαι	θα εισαχθείς	θα έχεις εισαχθεί
θα εισάγεται	θα εισαχθεί	θα έχει εισαχθεί
θα εισαγόμαστε	θα εισαχθούμε	θα έχουμε εισαχθεί
θα εισάγεστε	θα εισαχθείτε	θα έχετε εισαχθεί
θα εισάγονται	θα εισαχθούν(ε)	θα έχουν εισαχθεί

IMPERATIV – ΠΡΟΣΤΑΚΤΙΚΗ

Präsens **Ενεστώτας**	Aorist **Αόριστος**
εισάγου	εισάχθου
εισάγεστε	εισαχθείτε

PARTIZIP – ΜΕΤΟΧΗ

Präsens **Ενεστώτας**	Perfekt (Passiv) **Παρακείμενος**
–	εισαγμένος

εισάγω

importieren, einführen

Unregelmäßiges Verb

INDIKATIV – ΟΡΙΣΤΙΚΗ

Präsens Ενεστώτας	Aorist Αόριστος
εισάγω	εισήγαγα
εισάγεις	εισήγαγες
εισάγει	εισήγαγε
εισάγουμε	εισαγάγαμε
εισάγετε	εισαγάγατε
εισάγουν(ε)	εισήγαγαν/ εισαγάγανε

Perfekt Παρακείμενος

έχω	εισαγάγει
έχεις	εισαγάγει
έχει	εισαγάγει
έχουμε	εισαγάγει
έχετε	εισαγάγει
έχουν	εισαγάγει

Imperfekt Παρατατικός	Plusquamperfekt Υπερσυντέλικος	
εισήγαγα	είχα	εισαγάγει
εισήγαγες	είχες	εισαγάγει
εισήγαγε	είχε	εισαγάγει
εισαγάγαμε	είχαμε	εισαγάγει
εισαγάγατε	είχατε	εισαγάγει
εισήγαγαν/ εισαγάγανε	είχαν	εισαγάγει

KONJUNKTIV – ΥΠΟΤΑΚΤΙΚΗ

Präsens Ενεστώτας	Aorist Αόριστος
να εισάγω	να εισαγάγω
να εισάγεις	να εισαγάγεις
να εισάγει	να εισαγάγει
να εισάγουμε	να εισαγάγουμε
να εισάγετε	να εισαγάγετε
να εισάγουν(ε)	να εισαγάγουν

Perfekt Παρακείμενος		Wunschform Ευχετική
να έχω	εισαγάγει	να εισήγαγα
να έχεις	εισαγάγει	να εισήγαγες
να έχει	εισαγάγει	να εισήγαγε
να έχουμε	εισαγάγει	να εισαγάγαμε
να έχετε	εισαγάγει	να εισαγάγατε
να έχουν	εισαγάγει	να εισήγαγαν/ εισαγάγανε

KONDITIONAL – ΥΠΟΘΕΤΙΚΗ

der Gegenwart του παρόντος	der Vergangenheit του παρελθόντος	
θα εισήγαγα	θα είχα	εισαγάγει
θα εισήγαγες	θα είχες	εισαγάγει
θα εισήγαγε	θα είχε	εισαγάγει
θα εισαγάγαμε	θα είχαμε	εισαγάγει
θα εισαγάγατε	θα είχατε	εισαγάγει
θα εισήγαγαν/ εισαγάγανε	θα είχαν	εισαγάγει

Futur continuum Εξακολουθητικός μέλλοντας	einmaliges Futur Στιγμιαίος μέλλοντας	abgeschlossenes Futur Συντελεσμένος μέλλοντας	
θα εισάγω	θα εισαγάγω	θα έχω	εισαγάγει
θα εισάγεις	θα εισαγάγεις	θα έχεις	εισαγάγει
θα εισάγει	θα εισαγάγει	θα έχει	εισαγάγει
θα εισάγουμε	θα εισαγάγουμε	θα έχουμε	εισαγάγει
θα εισάγετε	θα εισαγάγετε	θα έχετε	εισαγάγει
θα εισάγουν(ε)	θα εισαγάγουν	θα έχουν	εισαγάγει

IMPERATIV – ΠΡΟΣΤΑΚΤΙΚΗ

Präsens Ενεστώτας	Aorist Αόριστος
είσαγε	εισάγαγε
εισάγετε	εισαγάγετε

PARTIZIP – ΜΕΤΟΧΗ

Präsens Ενεστώτας	Perfekt (Passiv) Παρακείμενος
εισαγόμενος	εισαγμένος

ενισχύω
verstärken

INDIKATIV – ΟΡΙΣΤΙΚΗ

Präsens **Ενεστώτας**	Aorist **Αόριστος**
ενισχύω	ενίσχυσα
ενισχύεις	ενίσχυσες
ενισχύει	ενίσχυσε
ενισχύουμε	ενισχύσαμε
ενισχύετε	ενισχύσατε
ενισχύουν(ε)	ενίσχυσαν/ ενισχύσανε

Perfekt
Παρακείμενος

έχω	ενισχύσει
έχεις	ενισχύσει
έχει	ενισχύσει
έχουμε	ενισχύσει
έχετε	ενισχύσει
έχουν	ενισχύσει

Imperfekt **Παρατατικός**	Plusquamperfekt **Υπερσυντέλικος**
ενίσχυα	είχα ενισχύσει
ενίσχυες	είχες ενισχύσει
ενίσχυε	είχε ενισχύσει
ενισχύαμε	είχαμε ενισχύσει
ενισχύατε	είχατε ενισχύσει
ενίσχυαν/ενισχύανε	είχαν ενισχύσει

KONJUNKTIV – ΥΠΟΤΑΚΤΙΚΗ

Präsens **Ενεστώτας**	Aorist **Αόριστος**
να ενισχύω	να ενισχύσω
να ενισχύεις	να ενισχύσεις
να ενισχύει	να ενισχύσει
να ενισχύουμε	να ενισχύσουμε
να ενισχύετε	να ενισχύσετε
να ενισχύουν(ε)	να ενισχύσουν(ε)

Perfekt **Παρακείμενος**	Wunschform **Ευχετική**
να έχω ενισχύσει	να ενίσχυα
να έχεις ενισχύσει	να ενίσχυες
να έχει ενισχύσει	να ενίσχυε
να έχουμε ενισχύσει	να ενισχύαμε
να έχετε ενισχύσει	να ενισχύατε
να έχουν ενισχύσει	να ενίσχυαν/ ενισχύανε

KONDITIONAL – ΥΠΟΘΕΤΙΚΗ

der Gegenwart **του παρόντος**	der Vergangenheit **του παρελθόντος**
θα ενίσχυα	θα είχα ενισχύσει
θα ενίσχυες	θα είχες ενισχύσει
θα ενίσχυε	θα είχε ενισχύσει
θα ενισχύαμε	θα είχαμε ενισχύσει
θα ενισχύατε	θα είχατε ενισχύσει
θα ενίσχυαν/ ενισχύανε	θα είχαν ενισχύσει

Futur continuum **Εξακολουθητικός μέλλοντας**	einmaliges Futur **Στιγμιαίος μέλλοντας**	abgeschlossenes Futur **Συντελεσμένος μέλλοντας**
θα ενισχύω	θα ενισχύσω	θα έχω ενισχύσει
θα ενισχύεις	θα ενισχύσεις	θα έχεις ενισχύσει
θα ενισχύει	θα ενισχύσει	θα έχει ενισχύσει
θα ενισχύουμε	θα ενισχύσουμε	θα έχουμε ενισχύσει
θα ενισχύετε	θα ενισχύσετε	θα έχετε ενισχύσει
θα ενισχύουν(ε)	θα ενισχύσουν(ε)	θα έχουν ενισχύσει

IMPERATIV – ΠΡΟΣΤΑΚΤΙΚΗ

Präsens **Ενεστώτας**	Aorist **Αόριστος**
ενίσχυε	ενίσχυσε
ενισχύετε	ενισχύσ(ε)τε

PARTIZIP – ΜΕΤΟΧΗ

Präsens **Ενεστώτας**	Perfekt (Passiv) **Παρακείμενος**
ενισχύοντας	ενισχυμένος

έρχομαι

kommen

Unregelmäßiges Verb
Vorsilbe: απ-, δι-, εξ-, κατ-, παρ-, προ-

INDIKATIV – ΟΡΙΣΤΙΚΗ

Präsens **Ενεστώτας**	Aorist **Αόριστος**
έρχομαι	ήρθα
έρχεσαι	ήρθες
έρχεται	ήρθε
ερχόμαστε	ήρθαμε
έρχεστε	ήρθατε
έρχονται	ήρθαν(ε)

Perfekt
Παρακείμενος

έχω	έρθει
έχεις	έρθει
έχει	έρθει
έχουμε	έρθει
έχετε	έρθει
έχουν	έρθει

Imperfekt **Παρατατικός**	**Plusquamperfekt** **Υπερσυντέλικος**
ερχόμουν	είχα έρθει
ερχόσουν	είχες έρθει
ερχόταν	είχε έρθει
ερχόμαστε	είχαμε έρθει
ερχόσαστε	είχατε έρθει
έρχονταν	είχαν έρθει

KONJUNKTIV – ΥΠΟΤΑΚΤΙΚΗ

Präsens **Ενεστώτας**	Aorist **Αόριστος**
να έρχομαι	να έρθω
να έρχεσαι	να έρθεις
να έρχεται	να έρθει
να ερχόμαστε	να έρθουμε
να έρχεστε	να έρθετε
να έρχονται	να έρθουν(ε)

Perfekt **Παρακείμενος**	**Wunschform** **Ευχετική**
να έχω έρθει	να ερχόμουν
να έχεις έρθει	να ερχόσουν
να έχει έρθει	να ερχόταν
να έχουμε έρθει	να ερχόμαστε
να έχετε έρθει	να ερχόσαστε
να έχουν έρθει	να έρχονταν

KONDITIONAL – ΥΠΟΘΕΤΙΚΗ

der Gegenwart **του παρόντος**	**der Vergangenheit** **του παρελθόντος**
θα ερχόμουν	θα είχα έρθει
θα ερχόσουν	θα είχες έρθει
θα ερχόταν	θα είχε έρθει
θα ερχόμαστε	θα είχαμε έρθει
θα ερχόσαστε	θα είχατε έρθει
θα έρχονταν	θα είχαν έρθει

Futur continuum **Εξακολουθητικός μέλλοντας**	**einmaliges Futur** **Στιγμιαίος μέλλοντας**	**abgeschlossenes Futur** **Συντελεσμένος μέλλοντας**
θα έρχομαι	θα έρθω	θα έχω έρθει
θα έρχεσαι	θα έρθεις	θα έχεις έρθει
θα έρχεται	θα έρθει	θα έχει έρθει
θα ερχόμαστε	θα έρθουμε	θα έχουμε έρθει
θα έρχεστε	θα έρθετε	θα έχετε έρθει
θα έρχονται	θα έρθουν(ε)	θα έχουν έρθει

IMPERATIV – ΠΡΟΣΤΑΚΤΙΚΗ

Präsens **Ενεστώτας**	**Aorist** **Αόριστος**
–	έλα
–	ελάτε

PARTIZIP – ΜΕΤΟΧΗ

Präsens **Ενεστώτας**	**Perfekt (Passiv)** **Παρακείμενος**
–	ερχόμενος

εφευρίσκω

erfinden

Unregelmäßiges Verb

INDIKATIV – ΟΡΙΣΤΙΚΗ

Präsens **Ενεστώτας**	Aorist **Αόριστος**
εφευρίσκω	εφεύρα
εφευρίσκεις	εφεύρες
εφευρίσκει	εφεύρε
εφευρίσκουμε	εφεύραμε
εφευρίσκετε	εφεύρατε
εφευρίσκουν(ε)	εφεύραν

Perfekt
Παρακείμενος

έχω	εφεύρει
έχεις	εφεύρει
έχει	εφεύρει
έχουμε	εφεύρει
έχετε	εφεύρει
έχουν	εφεύρει

Imperfekt **Παρατατικός**	Plusquamperfekt **Υπερσυντέλικος**
εφεύρισκα	είχα εφεύρει
εφεύρισκες	είχες εφεύρει
εφεύρισκε	είχε εφεύρει
εφευρίσκαμε	είχαμε εφεύρει
εφευρίσκατε	είχατε εφεύρει
εφεύρισκαν/ εφευρίσκανε	είχαν εφεύρει

KONJUNKTIV – ΥΠΟΤΑΚΤΙΚΗ

Präsens **Ενεστώτας**	Aorist **Αόριστος**
να εφευρίσκω	να εφεύρω
να εφευρίσκεις	να εφεύρεις
να εφευρίσκει	να εφεύρει
να εφευρίσκουμε	να εφεύρουμε
να εφευρίσκετε	να εφεύρετε
να εφευρίσκουν(ε)	να εφεύρουν

Perfekt **Παρακείμενος**	Wunschform **Ευχετική**
να έχω εφεύρει	να εφεύρισκα
να έχεις εφεύρει	να εφεύρισκες
να έχει εφεύρει	να εφεύρισκε
να έχουμε εφεύρει	να εφευρίσκαμε
να έχετε εφεύρει	να εφευρίσκατε
να έχουν εφεύρει	να εφεύρισκαν/ εφευρίσκανε

KONDITIONAL – ΥΠΟΘΕΤΙΚΗ

der Gegenwart **του παρόντος**	der Vergangenheit **του παρελθόντος**
θα εφεύρισκα	θα είχα εφεύρει
θα εφεύρισκες	θα είχες εφεύρει
θα εφεύρισκε	θα είχε εφεύρει
θα εφευρίσκαμε	θα είχαμε εφεύρει
θα εφευρίσκατε	θα είχατε εφεύρει
θα εφεύρισκαν/ εφευρίσκανε	θα είχαν εφεύρει

Futur continuum **Εξακολουθητικός μέλλοντας**	einmaliges Futur **Στιγμιαίος μέλλοντας**	abgeschlossenes Futur **Συντελεσμένος μέλλοντας**
θα εφευρίσκω	θα εφεύρω	θα έχω εφεύρει
θα εφευρίσκεις	θα εφεύρεις	θα έχεις εφεύρει
θα εφευρίσκει	θα εφεύρει	θα έχει εφεύρει
θα εφευρίσκουμε	θα εφεύρουμε	θα έχουμε εφεύρει
θα εφευρίσκετε	θα εφεύρετε	θα έχετε εφεύρει
θα εφευρίσκουν(ε)	θα εφεύρουν	θα έχουν εφεύρει

IMPERATIV – ΠΡΟΣΤΑΚΤΙΚΗ

Präsens **Ενεστώτας**	Aorist **Αόριστος**
εφεύρισκε	εφεύρε
εφευρίσκετε	εφεύρετε

PARTIZIP – ΜΕΤΟΧΗ

Präsens **Ενεστώτας**	Perfekt (Passiv) **Παρακείμενος**
εφευρίσκοντας	εφευρεμένος

ζητώ

suchen, bitten, verlangen

INDIKATIV – ΟΡΙΣΤΙΚΗ

Präsens **Ενεστώτας**	Aorist **Αόριστος**
ζητώ	ζήτησα
ζητάς	ζήτησες
ζητά(ει)	ζήτησε
ζητάμε/ζητούμε	ζητήσαμε
ζητάτε	ζητήσατε
ζητούν/ζητάνε	ζήτησαν(ε)

Perfekt
Παρακείμενος

έχω ζητήσει
έχεις ζητήσει
έχει ζητήσει
έχουμε ζητήσει
έχετε ζητήσει
έχουν ζητήσει

Imperfekt **Παρατατικός**	Plusquamperfekt **Υπερσυντέλικος**
ζητούσα	είχα ζητήσει
ζητούσες	είχες ζητήσει
ζητούσε	είχε ζητήσει
ζητούσαμε	είχαμε ζητήσει
ζητούσατε	είχατε ζητήσει
ζητούσαν(ε)	είχαν ζητήσει

KONJUNKTIV – ΥΠΟΤΑΚΤΙΚΗ

Präsens **Ενεστώτας**	Aorist **Αόριστος**
να ζητώ	να ζητήσω
να ζητάς	να ζητήσεις
να ζητά(ει)	να ζητήσει
να ζητάμε/ζητούμε	να ζητήσουμε
να ζητάτε	να ζητήσετε
να ζητούν/ζητάνε	να ζητήσουν(ε)

Perfekt **Παρακείμενος**	Wunschform **Ευχετική**
να έχω ζητήσει	να ζητούσα
να έχεις ζητήσει	να ζητούσες
να έχει ζητήσει	να ζητούσε
να έχουμε ζητήσει	να ζητούσαμε
να έχετε ζητήσει	να ζητούσατε
να έχουν ζητήσει	να ζητούσαν(ε)

KONDITIONAL – ΥΠΟΘΕΤΙΚΗ

der Gegenwart **του παρόντος**	der Vergangenheit **του παρελθόντος**
θα ζητούσα	θα είχα ζητήσει
θα ζητούσες	θα είχες ζητήσει
θα ζητούσε	θα είχε ζητήσει
θα ζητούσαμε	θα είχαμε ζητήσει
θα ζητούσατε	θα είχατε ζητήσει
θα ζητούσαν(ε)	θα είχαν ζητήσει

Futur continuum **Εξακολουθητικός μέλλοντας**	einmaliges Futur **Στιγμιαίος μέλλοντας**	abgeschlossenes Futur **Συντελεσμένος μέλλοντας**
θα ζητώ	θα ζητήσω	θα έχω ζητήσει
θα ζητάς	θα ζητήσεις	θα έχεις ζητήσει
θα ζητά(ει)	θα ζητήσει	θα έχει ζητήσει
θα ζητάμε/ζητούμε	θα ζητήσουμε	θα έχουμε ζητήσει
θα ζητάτε	θα ζητήσετε	θα έχετε ζητήσει
θα ζητούν/ζητάνε	θα ζητήσουν(ε)	θα έχουν ζητήσει

IMPERATIV – ΠΡΟΣΤΑΚΤΙΚΗ

Präsens **Ενεστώτας**	Aorist **Αόριστος**
ζήτα	ζήτησε
ζητάτε/ζητείτε	ζητήστε

PARTIZIP – ΜΕΤΟΧΗ

Präsens **Ενεστώτας**	Perfekt (Passiv) **Παρακείμενος**
ζητώντας	ζητημένος

θέλω

wollen, mögen

Unregelmäßiges Verb
Bildet manche Zeiten wie ein Verb der 2. Konjugation.

INDIKATIV – ΟΡΙΣΤΙΚΗ

Präsens **Ενεστώτας**	Aorist **Αόριστος**
θέλω	θέλησα
θέλεις	θέλησες
θέλει	θέλησε
θέλουμε	θελήσαμε
θέλετε	θελήσατε
θέλουν(ε)	θέλησαν/θελήσανε

Perfekt
Παρακείμενος

έχω	θελήσει
έχεις	θελήσει
έχει	θελήσει
έχουμε	θελήσει
έχετε	θελήσει
έχουν	θελήσει

Imperfekt **Παρατατικός**	**Plusquamperfekt** **Υπερσυντέλικος**
ήθελα	είχα θελήσει
ήθελες	είχες θελήσει
ήθελε	είχε θελήσει
(η)θέλαμε	είχαμε θελήσει
(η)θέλατε	είχατε θελήσει
ήθελαν/θέλανε	είχαν θελήσει

KONJUNKTIV – ΥΠΟΤΑΚΤΙΚΗ

Präsens **Ενεστώτας**	Aorist **Αόριστος**
να θέλω	να θελήσω
να θέλεις	να θελήσεις
να θέλει	να θελήσει
να θέλουμε	να θελήσουμε
να θέλετε	να θελήσετε
να θέλουν(ε)	να θελήσουν(ε)

Perfekt **Παρακείμενος**	**Wunschform** **Ευχετική**
να έχω θελήσει	να ήθελα
να έχεις θελήσει	να ήθελες
να έχει θελήσει	να ήθελε
να έχουμε θελήσει	να (η)θέλαμε
να έχετε θελήσει	να (η)θέλατε
να έχουν θελήσει	να ήθελαν

KONDITIONAL – ΥΠΟΘΕΤΙΚΗ

der Gegenwart **του παρόντος**	**der Vergangenheit** **του παρελθόντος**
θα ήθελα	θα είχα θελήσει
θα ήθελες	θα είχες θελήσει
θα ήθελε	θα είχε θελήσει
θα (η)θέλαμε	θα είχαμε θελήσει
θα (η)θέλατε	θα είχατε θελήσει
θα ήθελαν/θέλανε	θα είχαν θελήσει

Futur continuum **Εξακολουθητικός μέλλοντας**	**einmaliges Futur** **Στιγμιαίος μέλλοντας**	**abgeschlossenes Futur** **Συντελεσμένος μέλλοντας**
θα θέλω	θα θελήσω	θα έχω θελήσει
θα θέλεις	θα θελήσεις	θα έχεις θελήσει
θα θέλει	θα θελήσει	θα έχει θελήσει
θα θέλουμε	θα θελήσουμε	θα έχουμε θελήσει
θα θέλετε	θα θελήσετε	θα έχετε θελήσει
θα θέλουν(ε)	θα θελήσουν(ε)	θα έχουν θελήσει

IMPERATIV – ΠΡΟΣΤΑΚΤΙΚΗ

Präsens **Ενεστώτας**	**Aorist** **Αόριστος**
να θέλεις	–
να θέλετε	

PARTIZIP – ΜΕΤΟΧΗ

Präsens **Ενεστώτας**	**Perfekt (Passiv)** **Παρακείμενος**
θέλοντας	(η)θελημένος

καίω

brennen, verbrennen

Unregelmäßiges Verb

INDIKATIV – ΟΡΙΣΤΙΚΗ

Präsens Ενεστώτας	Aorist Αόριστος
καίω	έκαψα
καις	έκαψες
καίει	έκαψε
καίμε	(ε)κάψαμε
καίτε	(ε)κάψατε
καιν/καίνε	έκαψαν/κάψανε

Perfekt Παρακείμενος

έχω	κάψει
έχεις	κάψει
έχει	κάψει
έχουμε	κάψει
έχετε	κάψει
έχουν	κάψει

Imperfekt Παρατατικός	Plusquamperfekt Υπερσυντέλικος
έκαιγα	είχα κάψει
έκαιγες	είχες κάψει
έκαιγε	είχε κάψει
καίγαμε	είχαμε κάψει
καίγατε	είχατε κάψει
έκαιγαν/καίγανε	είχαν κάψει

Futur continuum Εξακολουθητικός μέλλοντας	einmaliges Futur Στιγμιαίος μέλλοντας	abgeschlossenes Futur Συντελεσμένος μέλλοντας
θα καίω	θα κάψω	θα έχω κάψει
θα καις	θα κάψεις	θα έχεις κάψει
θα καίει	θα κάψει	θα έχει κάψει
θα καίμε	θα κάψουμε	θα έχουμε κάψει
θα καίτε	θα κάψετε	θα έχετε κάψει
θα καιν/καίνε	θα κάψουν(ε)	θα έχουν κάψει

KONJUNKTIV – ΥΠΟΤΑΚΤΙΚΗ

Präsens Ενεστώτας	Aorist Αόριστος
να καίω	να κάψω
να καις	να κάψεις
να καίει	να κάψει
να καίμε	να κάψουμε
να καίτε	να κάψετε
να καιν/καίνε	να κάψουν(ε)

Perfekt Παρακείμενος	Wunschform Ευχετική
να έχω κάψει	να έκαιγα
να έχεις κάψει	να έκαιγες
να έχει κάψει	να έκαιγε
να έχουμε κάψει	να καίγαμε
να έχετε κάψει	να καίγατε
να έχουν κάψει	να έκαιγαν/καίγανε

KONDITIONAL – ΥΠΟΘΕΤΙΚΗ

der Gegenwart του παρόντος	der Vergangenheit του παρελθόντος
θα έκαιγα	θα είχα κάψει
θα έκαιγες	θα είχες κάψει
θα έκαιγε	θα είχε κάψει
θα καίγαμε	θα είχαμε κάψει
θα καίγατε	θα είχατε κάψει
θα έκαιγαν/καίγανε	θα είχαν κάψει

IMPERATIV – ΠΡΟΣΤΑΚΤΙΚΗ

Präsens Ενεστώτας	Aorist Αόριστος
καί(γ)ε	κάψε
καίτε	κάψτε

PARTIZIP – ΜΕΤΟΧΗ

Präsens Ενεστώτας	Perfekt (Passiv) Παρακείμενος
καίγοντας	καμένος

καταλαβαίνω

verstehen

Unregelmäßiges Verb

INDIKATIV – ΟΡΙΣΤΙΚΗ

Präsens Ενεστώτας	Aorist Αόριστος
καταλαβαίνω	κατάλαβα
καταλαβαίνεις	κατάλαβες
καταλαβαίνει	κατάλαβε
καταλαβαίνουμε	καταλάβαμε
καταλαβαίνετε	καταλάβατε
καταλαβαίνουν(ε)	κατάλαβαν/ καταλάβανε

Perfekt Παρακείμενος

έχω	καταλάβει
έχεις	καταλάβει
έχει	καταλάβει
έχουμε	καταλάβει
έχετε	καταλάβει
έχουν	καταλάβει

Imperfekt Παρατατικός	Plusquamperfekt Υπερσυντέλικος
καταλάβαινα	είχα καταλάβει
καταλάβαινες	είχες καταλάβει
καταλάβαινε	είχε καταλάβει
καταλαβαίναμε	είχαμε καταλάβει
καταλαβαίνατε	είχατε καταλάβει
καταλάβαιναν/ καταλαβαίνανε	είχαν καταλάβει

KONJUNKTIV – ΥΠΟΤΑΚΤΙΚΗ

Präsens Ενεστώτας	Aorist Αόριστος
να καταλαβαίνω	να καταλάβω
να καταλαβαίνεις	να καταλάβεις
να καταλαβαίνει	να καταλάβει
να καταλαβαίνουμε	να καταλάβουμε
να καταλαβαίνετε	να καταλάβετε
να καταλαβαίνουν(ε)	να καταλάβουν(ε)

Perfekt Παρακείμενος	Wunschform Ευχετική
να έχω καταλάβει	να καταλάβαινα
να έχεις καταλάβει	να καταλάβαινες
να έχει καταλάβει	να καταλάβαινε
να έχουμε καταλάβει	να καταλαβαίναμε
να έχετε καταλάβει	να καταλαβαίνατε
να έχουν καταλάβει	να καταλάβαιναν/ καταλαβαίνανε

KONDITIONAL – ΥΠΟΘΕΤΙΚΗ

der Gegenwart του παρόντος	der Vergangenheit του παρελθόντος
θα καταλάβαινα	θα είχα καταλάβει
θα καταλάβαινες	θα είχες καταλάβει
θα καταλάβαινε	θα είχε καταλάβει
θα καταλαβαίναμε	θα είχαμε καταλάβει
θα καταλαβαίνατε	θα είχατε καταλάβει
θα καταλάβαιναν/ καταλαβαίνανε	θα είχαν καταλάβει

Futur continuum Εξακολουθητικός μέλλοντας	einmaliges Futur Στιγμιαίος μέλλοντας	abgeschlossenes Futur Συντελεσμένος μέλλοντας
θα καταλαβαίνω	θα καταλάβω	θα έχω καταλάβει
θα καταλαβαίνεις	θα καταλάβεις	θα έχεις καταλάβει
θα καταλαβαίνει	θα καταλάβει	θα έχει καταλάβει
θα καταλαβαίνουμε	θα καταλάβουμε	θα έχουμε καταλάβει
θα καταλαβαίνετε	θα καταλάβετε	θα έχετε καταλάβει
θα καταλαβαίνουν(ε)	θα καταλάβουν(ε)	θα έχουν καταλάβει

IMPERATIV – ΠΡΟΣΤΑΚΤΙΚΗ

Präsens Ενεστώτας	Aorist Αόριστος
καταλάβαινε	κατάλαβε
καταλαβαίνετε	καταλάβετε

PARTIZIP – ΜΕΤΟΧΗ

Präsens Ενεστώτας	Perfekt (Passiv) Παρακείμενος
καταλαβαίνοντας	–

καταφέρνω

erreichen

Unregelmäßiges Verb

INDIKATIV – ΟΡΙΣΤΙΚΗ

Präsens **Ενεστώτας**	Aorist **Αόριστος**
καταφέρνω	κατάφερα
καταφέρνεις	κατάφερες
καταφέρνει	κατάφερε
καταφέρνουμε	καταφέραμε
καταφέρνετε	καταφέρατε
καταφέρνουν(ε)	κατάφεραν/ καταφέρανε

Perfekt **Παρακείμενος**	
έχω	καταφέρει
έχεις	καταφέρει
έχει	καταφέρει
έχουμε	καταφέρει
έχετε	καταφέρει
έχουν	καταφέρει

Imperfekt **Παρατατικός**	Plusquamperfekt **Υπερσυντέλικος**	
κατάφερνα	είχα	καταφέρει
κατάφερνες	είχες	καταφέρει
κατάφερνε	είχε	καταφέρει
καταφέρναμε	είχαμε	καταφέρει
καταφέρνατε	είχατε	καταφέρει
κατάφερναν/ καταφέρνανε	είχαν	καταφέρει

KONJUNKTIV – ΥΠΟΤΑΚΤΙΚΗ

Präsens **Ενεστώτας**	Aorist **Αόριστος**
να καταφέρνω	να καταφέρω
να καταφέρνεις	να καταφέρεις
να καταφέρνει	να καταφέρει
να καταφέρνουμε	να καταφέρουμε
να καταφέρνετε	να καταφέρετε
να καταφέρνουν(ε)	να καταφέρουν(ε)

Perfekt **Παρακείμενος**		Wunschform **Ευχετική**
να έχω	καταφέρει	να κατάφερνα
να έχεις	καταφέρει	να κατάφερνες
να έχει	καταφέρει	να κατάφερνε
να έχουμε	καταφέρει	να καταφέρναμε
να έχετε	καταφέρει	να καταφέρνατε
να έχουν	καταφέρει	να κατάφερναν/ καταφέρνανε

KONDITIONAL – ΥΠΟΘΕΤΙΚΗ

der Gegenwart **του παρόντος**	der Vergangenheit **του παρελθόντος**	
θα κατάφερνα	θα είχα	καταφέρει
θα κατάφερνες	θα είχες	καταφέρει
θα κατάφερνε	θα είχε	καταφέρει
θα καταφέρναμε	θα είχαμε	καταφέρει
θα καταφέρνατε	θα είχατε	καταφέρει
θα κατάφερναν/ καταφέρνανε	θα είχαν	καταφέρει

Futur continuum **Εξακολουθητικός μέλλοντας**	einmaliges Futur **Στιγμιαίος μέλλοντας**	abgeschlossenes Futur **Συντελεσμένος μέλλοντας**	
θα καταφέρνω	θα καταφέρω	θα έχω	καταφέρει
θα καταφέρνεις	θα καταφέρεις	θα έχεις	καταφέρει
θα καταφέρνει	θα καταφέρει	θα έχει	καταφέρει
θα καταφέρνουμε	θα καταφέρουμε	θα έχουμε	καταφέρει
θα καταφέρνετε	θα καταφέρετε	θα έχετε	καταφέρει
θα καταφέρνουν(ε)	θα καταφέρουν(ε)	θα έχουν	καταφέρει

IMPERATIV – ΠΡΟΣΤΑΚΤΙΚΗ

Präsens **Ενεστώτας**	Aorist **Αόριστος**
κατάφερνε	κατάφερε
καταφέρνετε	καταφέρ(ε)τε

PARTIZIP – ΜΕΤΟΧΗ

Präsens **Ενεστώτας**	Perfekt (Passiv) **Παρακείμενος**
καταφέρνοντας	καταφερμένος

καταχρώμαι

ausnutzen, missbrauchen

Unregelmäßiges Verb

INDIKATIV – ΟΡΙΣΤΙΚΗ

Präsens **Ενεστώτας**	Aorist **Αόριστος**
καταχρώμαι	καταχράστηκα
καταχράσαι	καταχράστηκες
καταχράται	καταχράστηκε
καταχρώμεθα	καταχραστήκαμε
καταχράσθε	καταχραστήκατε
καταχρώνται	καταχράστηκαν/ καταχραστήκανε

Perfekt **Παρακείμενος**	
έχω	καταχραστεί
έχεις	καταχραστεί
έχει	καταχραστεί
έχουμε	καταχραστεί
έχετε	καταχραστεί
έχουν	καταχραστεί

Imperfekt **Παρατατικός**	Plusquamperfekt **Υπερσυντέλικος**	
–	είχα	καταχραστεί
–	είχες	καταχραστεί
–	είχε	καταχραστεί
–	είχαμε	καταχραστεί
–	είχατε	καταχραστεί
–	είχαν	καταχραστεί

KONJUNKTIV – ΥΠΟΤΑΚΤΙΚΗ

Präsens **Ενεστώτας**	Aorist **Αόριστος**
να καταχρώμαι	να καταχραστώ
να καταχράσαι	να καταχραστείς
να καταχράται	να καταχραστεί
να καταχρώμεθα	να καταχραστούμε
να καταχράσθε	να καταχραστείτε
να καταχρώνται	να καταχραστούν(ε)

Perfekt **Παρακείμενος**		Wunschform **Ευχετική**
να έχω	καταχραστεί	–
να έχεις	καταχραστεί	–
να έχει	καταχραστεί	–
να έχουμε	καταχραστεί	–
να έχετε	καταχραστεί	–
να έχουν	καταχραστεί	–

KONDITIONAL – ΥΠΟΘΕΤΙΚΗ

der Gegenwart **του παρόντος**	der Vergangenheit **του παρελθόντος**	
–	θα είχα	καταχραστεί
–	θα είχες	καταχραστεί
–	θα είχε	καταχραστεί
–	θα είχαμε	καταχραστεί
–	θα είχατε	καταχραστεί
–	θα είχαν	καταχραστεί

Futur continuum **Εξακολουθητικός μέλλοντας**	einmaliges Futur **Στιγμιαίος μέλλοντας**	abgeschlossenes Futur **Συντελεσμένος μέλλοντας**	
θα καταχρώμαι	θα καταχραστώ	θα έχω	καταχραστεί
θα καταχράσαι	θα καταχραστείς	θα έχεις	καταχραστεί
θα καταχράται	θα καταχραστεί	θα έχει	καταχραστεί
θα καταχρώμεθα	θα καταχραστούμε	θα έχουμε	καταχραστεί
θα καταχράσθε	θα καταχραστείτε	θα έχετε	καταχραστεί
θα καταχρώνται	θα καταχραστούν(ε)	θα έχουν	καταχραστεί

IMPERATIV – ΠΡΟΣΤΑΚΤΙΚΗ

Präsens **Ενεστώτας**	Aorist **Αόριστος**
–	καταχράσου
	καταχραστείτε

PARTIZIP – ΜΕΤΟΧΗ

Präsens **Ενεστώτας**	Perfekt (Passiv) **Παρακείμενος**
καταχρώμενος	καταχρασμένος

κλείνω

schließen, zumachen, reservieren

INDIKATIV – ΟΡΙΣΤΙΚΗ

Präsens **Ενεστώτας**	Aorist **Αόριστος**
κλείνω	**έ**κλεισα
κλείνεις	**έ**κλεισες
κλείνει	**έ**κλεισε
κλείνουμε	(ε)κλείσαμε
κλείνετε	(ε)κλείσατε
κλείνουν(ε)	**έ**κλεισαν/κλείσανε

Perfekt
Παρακείμενος

έχω	κλείσει
έχεις	κλείσει
έχει	κλείσει
έχουμε	κλείσει
έχετε	κλείσει
έχουν	κλείσει

Imperfekt **Παρατατικός**	Plusquamperfekt **Υπερσυντέλικος**
έκλεινα	είχα κλείσει
έκλεινες	είχες κλείσει
έκλεινε	είχε κλείσει
(ε)κλείναμε	είχαμε κλείσει
(ε)κλείνατε	είχατε κλείσει
έκλειναν/κλείνανε	είχαν κλείσει

KONJUNKTIV – ΥΠΟΤΑΚΤΙΚΗ

Präsens **Ενεστώτας**	Aorist **Αόριστος**
να κλείνω	να κλείσω
να κλείνεις	να κλείσεις
να κλείνει	να κλείσει
να κλείνουμε	να κλείσουμε
να κλείνετε	να κλείσετε
να κλείνουν(ε)	να κλείσουν(ε)

Perfekt **Παρακείμενος**	Wunschform **Ευχετική**
να έχω κλείσει	να έκλεινα
να έχεις κλείσει	να έκλεινες
να έχει κλείσει	να έκλεινε
να έχουμε κλείσει	να (ε)κλείναμε
να έχετε κλείσει	να (ε)κλείνατε
να έχουν κλείσει	να έκλειναν/κλείνανε

KONDITIONAL – ΥΠΟΘΕΤΙΚΗ

der Gegenwart **του παρόντος**	der Vergangenheit **του παρελθόντος**
θα έκλεινα	θα είχα κλείσει
θα έκλεινες	θα είχες κλείσει
θα έκλεινε	θα είχε κλείσει
θα (ε)κλείναμε	θα είχαμε κλείσει
θα (ε)κλείνατε	θα είχατε κλείσει
θα έκλειναν/κλείνανε	θα είχαν κλείσει

Futur continuum **Εξακολουθητικός μέλλοντας**	einmaliges Futur **Στιγμιαίος μέλλοντας**	abgeschlossenes Futur **Συντελεσμένος μέλλοντας**
θα κλείνω	θα κλείσω	θα έχω κλείσει
θα κλείνεις	θα κλείσεις	θα έχεις κλείσει
θα κλείνει	θα κλείσει	θα έχει κλείσει
θα κλείνουμε	θα κλείσουμε	θα έχουμε κλείσει
θα κλείνετε	θα κλείσετε	θα έχετε κλείσει
θα κλείνουν(ε)	θα κλείσουν(ε)	θα έχουν κλείσει

IMPERATIV – ΠΡΟΣΤΑΚΤΙΚΗ

Präsens **Ενεστώτας**	Aorist **Αόριστος**
κλείνε	κλείσε
κλείνετε	κλείσ(ε)τε

PARTIZIP – ΜΕΤΟΧΗ

Präsens **Ενεστώτας**	Perfekt (Passiv) **Παρακείμενος**
κλείνοντας	κλεισμένος

κλίνω

konjugieren

Vorsilbe: απο-

INDIKATIV – ΟΡΙΣΤΙΚΗ

Präsens **Ενεστώτας**	Aorist **Αόριστος**
κλίνω	–
κλίνεις	–
κλίνει	–
κλίνουμε	–
κλίνετε	–
κλίνουν(ε)	–

Perfekt **Παρακείμενος**
–
–
–
–
–
–

Imperfekt **Παρατατικός**	Plusquamperfekt **Υπερσυντέλικος**
έκλινα	–
έκλινες	–
έκλινε	–
(ε)κλίναμε	–
(ε)κλίνατε	–
έκλιναν/κλίνανε	–

KONJUNKTIV – ΥΠΟΤΑΚΤΙΚΗ

Präsens **Ενεστώτας**	Aorist **Αόριστος**
να κλίνω	–
να κλίνεις	–
να κλίνει	–
να κλίνουμε	–
να κλίνετε	–
να κλίνουν(ε)	–

Perfekt **Παρακείμενος**	Wunschform **Ευχετική**
–	να έκλινα
–	να έκλινες
–	να έκλινε
–	να (ε)κλίναμε
–	να (ε)κλίνατε
–	να έκλιναν/κλίνανε

KONDITIONAL – ΥΠΟΘΕΤΙΚΗ

der Gegenwart **του παρόντος**	der Vergangenheit **του παρελθόντος**
θα έκλινα	–
θα έκλινες	–
θα έκλινε	–
θα (ε)κλίναμε	–
θα (ε)κλίνατε	–
θα έκλιναν/κλίνανε	–

Futur continuum **Εξακολουθητικός μέλλοντας**	einmaliges Futur **Στιγμιαίος μέλλοντας**	abgeschlossenes Futur **Συντελεσμένος μέλλοντας**
θα κλίνω	–	–
θα κλίνεις	–	–
θα κλίνει	–	–
θα κλίνουμε	–	–
θα κλίνετε	–	–
θα κλίνουν(ε)	–	–

IMPERATIV – ΠΡΟΣΤΑΚΤΙΚΗ

Präsens **Ενεστώτας**	Aorist **Αόριστος**
κλίνε	–
κλίνετε	–

PARTIZIP – ΜΕΤΟΧΗ

Präsens **Ενεστώτας**	Perfekt (Passiv) **Παρακείμενος**
κλίνοντας	κλιμένος

κοιμάμαι

schlafen

Vorsilbe: απο-

INDIKATIV – ΟΡΙΣΤΙΚΗ

Präsens Ενεστώτας	Aorist Αόριστος
κοιμάμαι	κοιμήθηκα
κοιμάσαι	κοιμήθηκες
κοιμάται	κοιμήθηκε
κοιμόμαστε	κοιμηθήκαμε
κοιμάστε	κοιμηθήκατε
κοιμούνται	κοιμήθηκαν/ κοιμηθήκανε

Perfekt Παρακείμενος

έχω κοιμηθεί
έχεις κοιμηθεί
έχει κοιμηθεί
έχουμε κοιμηθεί
έχετε κοιμηθεί
έχουν κοιμηθεί

Imperfekt Παρατατικός	Plusquamperfekt Υπερσυντέλικος
κοιμόμουν	είχα κοιμηθεί
κοιμόσουν	είχες κοιμηθεί
κοιμόταν	είχε κοιμηθεί
κοιμόμαστε	είχαμε κοιμηθεί
κοιμόσαστε	είχατε κοιμηθεί
κοιμόνταν	είχαν κοιμηθεί

KONJUNKTIV – ΥΠΟΤΑΚΤΙΚΗ

Präsens Ενεστώτας	Aorist Αόριστος
να κοιμάμαι	να κοιμηθώ
να κοιμάσαι	να κοιμηθείς
να κοιμάται	να κοιμηθεί
να κοιμόμαστε	να κοιμηθούμε
να κοιμάστε	να κοιμηθείτε
να κοιμούνται	να κοιμηθούν

Perfekt Παρακείμενος	Wunschform Ευχετική
να έχω κοιμηθεί	να κοιμόμουν
να έχεις κοιμηθεί	να κοιμόσουν
να έχει κοιμηθεί	να κοιμόταν
να έχουμε κοιμηθεί	να κοιμόμαστε
να έχετε κοιμηθεί	να κοιμόσαστε
να έχουν κοιμηθεί	να κοιμόνταν

KONDITIONAL – ΥΠΟΘΕΤΙΚΗ

der Gegenwart του παρόντος	der Vergangenheit του παρελθόντος
θα κοιμόμουν	θα είχα κοιμηθεί
θα κοιμόσουν	θα είχες κοιμηθεί
θα κοιμόταν	θα είχε κοιμηθεί
θα κοιμόμαστε	θα είχαμε κοιμηθεί
θα κοιμόσαστε	θα είχατε κοιμηθεί
θα κοιμόνταν	θα είχαν κοιμηθεί

Futur continuum Εξακολουθητικός μέλλοντας	einmaliges Futur Στιγμιαίος μέλλοντας	abgeschlossenes Futur Συντελεσμένος μέλλοντας
θα κοιμάμαι	θα κοιμηθώ	θα έχω κοιμηθεί
θα κοιμάσαι	θα κοιμηθείς	θα έχεις κοιμηθεί
θα κοιμάται	θα κοιμηθεί	θα έχει κοιμηθεί
θα κοιμόμαστε	θα κοιμηθούμε	θα έχουμε κοιμηθεί
θα κοιμάστε	θα κοιμηθείτε	θα έχετε κοιμηθεί
θα κοιμούνται	θα κοιμηθούν	θα έχουν κοιμηθεί

IMPERATIV – ΠΡΟΣΤΑΚΤΙΚΗ

Präsens Ενεστώτας	Aorist Αόριστος
να κοιμάσαι	κοιμήσου
να κοιμάστε	κοιμηθείτε

PARTIZIP – ΜΕΤΟΧΗ

Präsens Ενεστώτας	Perfekt (Passiv) Παρακείμενος
–	κοιμισμένος

λέ(γ)ω
sagen

Unregelmäßiges Verb
Vorsilbe: προ-, αντι-, ξαν-

INDIKATIV – ΟΡΙΣΤΙΚΗ

Präsens Ενεστώτας	Aorist Αόριστος
λέω	είπα
λες	είπες
λέει	είπε
λέμε	είπαμε
λέτε	είπατε
λεν/λένε	είπαν(ε)

Perfekt
Παρακείμενος

έχω	πει
έχεις	πει
έχει	πει
έχουμε	πει
έχετε	πει
έχουν	πει

Imperfekt Παρατατικός	Plusquamperfekt Υπερσυντέλικος
έλεγα	είχα πει
έλεγες	είχες πει
έλεγε	είχε πει
λέγαμε	είχαμε πει
λέγατε	είχατε πει
έλεγαν/λέγανε	είχαν πει

KONJUNKTIV – ΥΠΟΤΑΚΤΙΚΗ

Präsens Ενεστώτας	Aorist Αόριστος
να λέω	να πω
να λες	να πεις
να λέει	να πει
να λέμε	να πούμε
να λέτε	να πείτε
να λεν/λένε	να πουν/πούνε

Perfekt Παρακείμενος	Wunschform Ευχετική
να έχω πει	να έλεγα
να έχεις πει	να έλεγες
να έχει πει	να έλεγε
να έχουμε πει	να λέγαμε
να έχετε πει	να λέγατε
να έχουν πει	να έλεγαν/λέγανε

KONDITIONAL – ΥΠΟΘΕΤΙΚΗ

der Gegenwart του παρόντος	der Vergangenheit του παρελθόντος
να έλεγα	θα είχα πει
να έλεγες	θα είχες πει
να έλεγε	θα είχε πει
να λέγαμε	θα είχαμε πει
να λέγατε	θα είχατε πει
να έλεγαν/λέγανε	θα είχαν πει

Futur continuum Εξακολουθητικός μέλλοντας	einmaliges Futur Στιγμιαίος μέλλοντας	abgeschlossenes Futur Συντελεσμένος μέλλοντας
θα λέω	θα πω	θα έχω πει
θα λες	θα πεις	θα έχεις πει
θα λέει	θα πει	θα έχει πει
θα λέμε	θα πούμε	θα έχουμε πει
θα λέτε	θα πείτε	θα έχετε πει
θα λεν/λένε	θα πουν/πούνε	θα έχουν πει

IMPERATIV – ΠΡΟΣΤΑΚΤΙΚΗ

Präsens Ενεστώτας	Aorist Αόριστος
λέγε	πες
λέγετε	πέστε/πείτε

PARTIZIP – ΜΕΤΟΧΗ

Präsens Ενεστώτας	Perfekt (Passiv) Παρακείμενος
λέγοντας	ειπωμένος

μεθώ (-άω)

sich betrinken

Unregelmäßiges Verb

INDIKATIV – ΟΡΙΣΤΙΚΗ

Präsens Ενεστώτας	Aorist Αόριστος
μεθώ	μέθυσα
μεθάς	μέθυσες
μεθά(ει)	μέθυσε
μεθάμε/μεθούμε	μεθύσαμε
μεθάτε	μεθύσατε
μεθούν(ε)	μέθυσαν/μεθύσανε

Perfekt Παρακείμενος

έχω	μεθύσει
έχεις	μεθύσει
έχει	μεθύσει
έχουμε	μεθύσει
έχετε	μεθύσει
έχουν	μεθύσει

Imperfekt Παρατατικός	Plusquamperfekt Υπερσυντέλικος
μεθούσα	είχα μεθύσει
μεθούσες	είχες μεθύσει
μεθούσε	είχε μεθύσει
μεθούσαμε	είχαμε μεθύσει
μεθούσατε	είχατε μεθύσει
μεθούσαν(ε)	είχαν μεθύσει

KONJUNKTIV – ΥΠΟΤΑΚΤΙΚΗ

Präsens Ενεστώτας	Aorist Αόριστος
να μεθώ	να μεθύσω
να μεθάς	να μεθύσεις
να μεθά(ει)	να μεθύσει
να μεθάμε/μεθούμε	να μεθύσουμε
να μεθάτε	να μεθύσετε
να μεθούν(ε)	να μεθύσουν(ε)

Perfekt Παρακείμενος	Wunschform Ευχετική
να έχω μεθύσει	να μεθούσα
να έχεις μεθύσει	να μεθούσες
να έχει μεθύσει	να μεθούσε
να έχουμε μεθύσει	να μεθούσαμε
να έχετε μεθύσει	να μεθούσατε
να έχουν μεθύσει	να μεθούσαν(ε)

KONDITIONAL – ΥΠΟΘΕΤΙΚΗ

der Gegenwart του παρόντος	der Vergangenheit του παρελθόντος
θα μεθούσα	θα είχα μεθύσει
θα μεθούσες	θα είχες μεθύσει
θα μεθούσε	θα είχε μεθύσει
θα μεθούσαμε	θα είχαμε μεθύσει
θα μεθούσατε	θα είχατε μεθύσει
θα μεθούσαν	θα είχαν μεθύσει

Futur continuum Εξακολουθητικός μέλλοντας	einmaliges Futur Στιγμιαίος μέλλοντας	abgeschlossenes Futur Συντελεσμένος μέλλοντας
θα μεθώ	θα μεθύσω	θα έχω μεθύσει
θα μεθάς	θα μεθύσεις	θα έχεις μεθύσει
θα μεθά(ει)	θα μεθύσει	θα έχει μεθύσει
θα μεθάμε/μεθούμε	θα μεθύσουμε	θα έχουμε μεθύσει
θα μεθάτε	θα μεθύσετε	θα έχετε μεθύσει
θα μεθούν(ε)	θα μεθύσουν(ε)	θα έχουν μεθύσει

IMPERATIV – ΠΡΟΣΤΑΚΤΙΚΗ

Präsens Ενεστώτας	Aorist Αόριστος
μέθα	μέθυσε
μεθάτε	μεθύστε

PARTIZIP – ΜΕΤΟΧΗ

Präsens Ενεστώτας	Perfekt (Passiv) Παρακείμενος
μεθώντας	μεθυσμένος

μένω

wohnen, bleiben

Unregelmäßiges Verb
Vorsilbe: απο-, δια-, παρα-, ξε-

INDIKATIV – ΟΡΙΣΤΙΚΗ

Präsens **Ενεστώτας**	Aorist **Αόριστος**
μένω	έμεινα
μένεις	έμεινες
μένει	έμεινε
μένουμε	(ε)μείναμε
μένετε	(ε)μείνετε
μένουν(ε)	έμειναν/μείνανε

Perfekt
Παρακείμενος

έχω	μείνει
έχεις	μείνει
έχει	μείνει
έχουμε	μείνει
έχετε	μείνει
έχουν	μείνει

Imperfekt **Παρατατικός**	Plusquamperfekt **Υπερσυντέλικος**	
έμενα	είχα	μείνει
έμενες	είχες	μείνει
έμενε	είχε	μείνει
(ε)μέναμε	είχαμε	μείνει
(ε)μένατε	είχατε	μείνει
έμεναν/μένανε	είχαν	μείνει

KONJUNKTIV – ΥΠΟΤΑΚΤΙΚΗ

Präsens **Ενεστώτας**	Aorist **Αόριστος**
να μένω	να μείνω
να μένεις	να μείνεις
να μένει	να μείνει
να μένουμε	να μείνουμε
να μένετε	να μείνετε
να μένουν(ε)	να μείνουν(ε)

Perfekt **Παρακείμενος**		Wunschform **Ευχετική**
να έχω	μείνει	να έμενα
να έχεις	μείνει	να έμενες
να έχει	μείνει	να έμενε
να έχουμε	μείνει	να (ε)μέναμε
να έχετε	μείνει	να (ε)μένατε
να έχουν	μείνει	να έμεναν/μένανε

KONDITIONAL – ΥΠΟΘΕΤΙΚΗ

der Gegenwart **του παρόντος**	der Vergangenheit **του παρελθόντος**	
θα έμενα	θα είχα	μείνει
θα έμενες	θα είχες	μείνει
θα έμενε	θα είχε	μείνει
θα (ε)μέναμε	θα είχαμε	μείνει
θα (ε)μένατε	θα είχατε	μείνει
θα έμεναν/μένανε	θα είχαν	μείνει

Futur continuum **Εξακολουθητικός μέλλοντας**	einmaliges Futur **Στιγμιαίος μέλλοντας**	abgeschlossenes Futur **Συντελεσμένος μέλλοντας**	
θα μένω	θα μείνω	θα έχω	μείνει
θα μένεις	θα μείνεις	θα έχεις	μείνει
θα μένει	θα μείνει	θα έχει	μείνει
θα μένουμε	θα μείνουμε	θα έχουμε	μείνει
θα μένετε	θα μείνετε	θα έχετε	μείνει
θα μένουν(ε)	θα μείνουν(ε)	θα έχουν	μείνει

IMPERATIV – ΠΡΟΣΤΑΚΤΙΚΗ

Präsens **Ενεστώτας**	Aorist **Αόριστος**
μένε	μείνε
μένετε	μείνετε/μείνατε

PARTIZIP – ΜΕΤΟΧΗ

Präsens **Ενεστώτας**	Perfekt (Passiv) **Παρακείμενος**
μένοντας	μενόμενος

νομίζω

denken, meinen, glauben

INDIKATIV – ΟΡΙΣΤΙΚΗ

Präsens Ενεστώτας	Aorist Αόριστος
νομίζω	νόμι**σα**
νομίζεις	νόμι**σες**
νομίζει	νόμι**σε**
νομίζουμε	νομί**σαμε**
νομίζετε	νομί**σατε**
νομίζουν(ε)	νόμι**σαν**/νομί**σανε**

Perfekt Παρακείμενος	
έχω	νομίσει
έχεις	νομίσει
έχει	νομίσει
έχουμε	νομίσει
έχετε	νομίσει
έχουν	νομίσει

Imperfekt Παρατατικός	Plusquamperfekt Υπερσυντέλικος
νόμιζα	είχα νομίσει
νόμιζες	είχες νομίσει
νόμιζε	είχε νομίσει
νομίζαμε	είχαμε νομίσει
νομίζατε	είχατε νομίσει
νόμιζαν/νομίζανε	είχαν νομίσει

KONJUNKTIV – ΥΠΟΤΑΚΤΙΚΗ

Präsens Ενεστώτας	Aorist Αόριστος
να νομίζω	να νομί**σω**
να νομίζεις	να νομί**σεις**
να νομίζει	να νομί**σει**
να νομίζουμε	να νομί**σουμε**
να νομίζετε	να νομί**σετε**
να νομίζουν(ε)	να νομί**σουν(ε)**

Perfekt Παρακείμενος	Wunschform Ευχετική
να έχω νομίσει	να νόμιζα
να έχεις νομίσει	να νόμιζες
να έχει νομίσει	να νόμιζε
να έχουμε νομίσει	να νομίζαμε
να έχετε νομίσει	να νομίζατε
να έχουν νομίσει	να νόμιζαν/νομίζανε

KONDITIONAL – ΥΠΟΘΕΤΙΚΗ

der Gegenwart του παρόντος	der Vergangenheit του παρελθόντος
θα νόμιζα	θα είχα νομίσει
θα νόμιζες	θα είχες νομίσει
θα νόμιζε	θα είχε νομίσει
θα νομίζαμε	θα είχαμε νομίσει
θα νομίζατε	θα είχατε νομίσει
θα νόμιζαν/νομίζανε	θα είχαν νομίσει

Futur continuum Εξακολουθητικός μέλλοντας	einmaliges Futur Στιγμιαίος μέλλοντας	abgeschlossenes Futur Συντελεσμένος μέλλοντας
θα νομίζω	θα νομίσω	θα έχω νομίσει
θα νομίζεις	θα νομίσεις	θα έχεις νομίσει
θα νομίζει	θα νομίσει	θα έχε νομίσει
θα νομίζουμε	θα νομίσουμε	θα έχουμε νομίσει
θα νομίζετε	θα νομίσετε	θα έχετε νομίσει
θα νομίζουν(ε)	θα νομίσουν(ε)	θα έχουν νομίσει

IMPERATIV – ΠΡΟΣΤΑΚΤΙΚΗ

Präsens Ενεστώτας	Aorist Αόριστος
νόμιζε	νόμισε
νομίζετε	νομίστε

PARTIZIP – ΜΕΤΟΧΗ

Präsens Ενεστώτας	Perfekt (Passiv) Παρακείμενος
νομίζοντας	(νε)νομι**σμένος**

ντρέπομαι

sich schämen

Unregelmäßiges reflexives Verb

INDIKATIV – ΟΡΙΣΤΙΚΗ

Präsens **Ενεστώτας**	Aorist **Αόριστος**
ντρέπομαι	ντράπηκα
ντρέπεσαι	ντράπηκες
ντρέπεται	ντράπηκε
ντρεπόμαστε	ντραπήκαμε
ντρέπεστε	ντραπήκατε
ντρέπονται	ντράπηκαν/ ντραπήκανε

Perfekt
Παρακείμενος

έχω	ντραπεί
έχεις	ντραπεί
έχει	ντραπεί
έχουμε	ντραπεί
έχετε	ντραπεί
έχουν	ντραπεί

Imperfekt **Παρατατικός**	Plusquamperfekt **Υπερσυντέλικος**
ντρεπόμουν	είχα ντραπεί
ντρεπόσουν	είχες ντραπεί
ντρεπόταν	είχε ντραπεί
ντρεπόμαστε	είχαμε ντραπεί
ντρεπόσαστε	είχατε ντραπεί
ντρέπονταν	είχαν ντραπεί

KONJUNKTIV – ΥΠΟΤΑΚΤΙΚΗ

Präsens **Ενεστώτας**	Aorist **Αόριστος**
να ντρέπομαι	να ντραπώ
να ντρέπεσαι	να ντραπείς
να ντρέπεται	να ντραπεί
να ντρεπόμαστε	να ντραπούμε
να ντρέπεστε	να ντραπείτε
να ντρέπονται	να ντραπούν(ε)

Perfekt **Παρακείμενος**	Wunschform **Ευχετική**
να έχω ντραπεί	να ντρεπόμουν
να έχεις ντραπεί	να ντρεπόσουν
να έχει ντραπεί	να ντρεπόταν
να έχουμε ντραπεί	να ντρεπόμαστε
να έχετε ντραπεί	να ντρεπόσαστε
να έχουν ντραπεί	να ντρέπονταν

KONDITIONAL – ΥΠΟΘΕΤΙΚΗ

der Gegenwart **του παρόντος**	der Vergangenheit **του παρελθόντος**
θα ντρεπόμουν	θα είχα ντραπεί
θα ντρεπόσουν	θα είχες ντραπεί
θα ντρεπόταν	θα είχε ντραπεί
θα ντρεπόμαστε	θα είχαμε ντραπεί
θα ντρεπόσαστε	θα είχατε ντραπεί
θα ντρέπονταν	θα είχαν ντραπεί

Futur continuum **Εξακολουθητικός μέλλοντας**	einmaliges Futur **Στιγμιαίος μέλλοντας**	abgeschlossenes Futur **Συντελεσμένος μέλλοντας**
θα ντρέπομαι	θα ντραπώ	θα έχω ντραπεί
θα ντρέπεσαι	θα ντραπείς	θα έχεις ντραπεί
θα ντρέπεται	θα ντραπεί	θα έχει ντραπεί
θα ντρεπόμαστε	θα ντραπούμε	θα έχουμε ντραπεί
θα ντρέπεστε	θα ντραπείτε	θα έχετε ντραπεί
θα ντρέπονται	θα ντραπούν(ε)	θα έχουν ντραπεί

IMPERATIV – ΠΡΟΣΤΑΚΤΙΚΗ

Präsens **Ενεστώτας**	Aorist **Αόριστος**
να ντρέπεσαι	ντράπου
να ντρέπεστε	ντραπείτε

PARTIZIP – ΜΕΤΟΧΗ

Präsens **Ενεστώτας**	Perfekt (Passiv) **Παρακείμενος**
ντρεπόμενος	ντροπιασμένος

ξεπλένω

ausspülen

Unregelmäßiges Verb

INDIKATIV – ΟΡΙΣΤΙΚΗ

Präsens **Ενεστώτας**	Aorist **Αόριστος**
ξεπλένω	ξέπλυνα
ξεπλένεις	ξέπλυνες
ξεπλένει	ξέπλυνε
ξεπλένουμε	ξεπλύναμε
ξεπλένετε	ξεπλύνατε
ξεπλένουν(ε)	ξέπλυναν/ξεπλύνανε

Perfekt
Παρακείμενος

έχω	ξεπλύνει
έχεις	ξεπλύνει
έχει	ξεπλύνει
έχουμε	ξεπλύνει
έχετε	ξεπλύνει
έχουν	ξεπλύνει

Imperfekt **Παρατατικός**	Plusquamperfekt **Υπερσυντέλικος**
ξέπλενα	είχα ξεπλύνει
ξέπλενες	είχες ξεπλύνει
ξέπλενε	είχε ξεπλύνει
ξεπλέναμε	είχαμε ξεπλύνει
ξεπλένατε	είχατε ξεπλύνει
ξέπλεναν/ξεπλένανε	είχαν ξεπλύνει

KONJUNKTIV – ΥΠΟΤΑΚΤΙΚΗ

Präsens **Ενεστώτας**	Aorist **Αόριστος**
να ξεπλένω	να ξεπλύνω
να ξεπλένεις	να ξεπλύνεις
να ξεπλένει	να ξεπλύνει
να ξεπλένουμε	να ξεπλύνουμε
να ξεπλένετε	να ξεπλύνετε
να ξεπλένουν(ε)	να ξεπλύνουν

Perfekt **Παρακείμενος**	Wunschform **Ευχετική**
να έχω ξεπλύνει	να ξέπλενα
να έχεις ξεπλύνει	να ξέπλενες
να έχει ξεπλύνει	να ξέπλενε
να έχουμε ξεπλύνει	να ξεπλέναμε
να έχετε ξεπλύνει	να ξεπλένατε
να έχουν ξεπλύνει	να ξέπλεναν/ξεπλένανε

KONDITIONAL – ΥΠΟΘΕΤΙΚΗ

der Gegenwart **του παρόντος**	der Vergangenheit **του παρελθόντος**
θα ξέπλενα	θα είχα ξεπλύνει
θα ξέπλενες	θα είχες ξεπλύνει
θα ξέπλενε	θα είχε ξεπλύνει
θα ξεπλέναμε	θα είχαμε ξεπλύνει
θα ξεπλένατε	θα είχατε ξεπλύνει
θα ξέπλεναν/ξεπλένανε	θα είχαν ξεπλύνει

Futur continuum **Εξακολουθητικός μέλλοντας**	einmaliges Futur **Στιγμιαίος μέλλοντας**	abgeschlossenes Futur **Συντελεσμένος μέλλοντας**
θα ξεπλένω	θα ξεπλύνω	θα έχω ξεπλύνει
θα ξεπλένεις	θα ξεπλύνεις	θα έχεις ξεπλύνει
θα ξεπλένει	θα ξεπλύνει	θα έχει ξεπλύνει
θα ξεπλένουμε	θα ξεπλύνουμε	θα έχουμε ξεπλύνει
θα ξεπλένετε	θα ξεπλύνετε	θα έχετε ξεπλύνει
θα ξεπλένουν(ε)	θα ξεπλύνουν	θα έχουν ξεπλύνει

IMPERATIV – ΠΡΟΣΤΑΚΤΙΚΗ

Präsens **Ενεστώτας**	Aorist **Αόριστος**
ξέπλενε	ξέπλυνε
ξεπλένετε	ξεπλύν(ε)τε

PARTIZIP – ΜΕΤΟΧΗ

Präsens **Ενεστώτας**	Perfekt (Passiv) **Παρακείμενος**
ξεπλένοντας	ξεπλυμένος

ξέρω
wissen, kennen

Unregelmäßiges Verb

INDIKATIV – ΟΡΙΣΤΙΚΗ

Präsens **Ενεστώτας**	Aorist **Αόριστος**
ξέρω	–
ξέρεις	–
ξέρει	–
ξέρουμε	–
ξέρετε	–
ξέρουν(ε)	–

Perfekt **Παρακείμενος**
–
–
–
–
–
–

Imperfekt **Παρατατικός**	Plusquamperfekt **Υπερσυντέλικος**
ήξερα	–
ήξερες	–
ήξερε	–
(η)ξέραμε	–
(η)ξέρατε	–
ήξεραν/ξέρανε	–

Futur continuum **Εξακολουθητικός μέλλοντας**	einmaliges Futur **Στιγμιαίος μέλλοντας**	abgeschlossenes Futur **Συντελεσμένος μέλλοντας**
θα ξέρω	–	–
θα ξέρεις	–	–
θα ξέρει	–	–
θα ξέρουμε	–	–
θα ξέρετε	–	–
θα ξέρουν(ε)	–	–

KONJUNKTIV – ΥΠΟΤΑΚΤΙΚΗ

Präsens **Ενεστώτας**	Aorist **Αόριστος**
να ξέρω	–
να ξέρεις	–
να ξέρει	–
να ξέρουμε	–
να ξέρετε	–
να ξέρουν(ε)	–

Perfekt **Παρακείμενος**	Wunschform **Ευχετική**
–	να ήξερα
–	να ήξερες
–	να ήξερε
–	να (η)ξέραμε
–	να (η)ξέρατε
–	να ήξεραν/ξέρανε

KONDITIONAL – ΥΠΟΘΕΤΙΚΗ

der Gegenwart **του παρόντος**	der Vergangenheit **του παρελθόντος**
θα ήξερα	–
θα ήξερες	–
θα ήξερε	–
θα (η)ξέραμε	–
θα (η)ξέρατε	–
θα ήξεραν/ξέρανε	–

IMPERATIV – ΠΡΟΣΤΑΚΤΙΚΗ

Präsens **Ενεστώτας**	Aorist **Αόριστος**
ξέρε	–
ξέρετε	

PARTIZIP – ΜΕΤΟΧΗ

Präsens **Ενεστώτας**	Perfekt (Passiv) **Παρακείμενος**
ξέροντας	–

οφείλω

schulden, sich zu etw. verpflichten

INDIKATIV – ΟΡΙΣΤΙΚΗ

Präsens **Ενεστώτας**	Aorist **Αόριστος**
οφείλω	–
οφείλεις	–
οφείλει	–
οφείλουμε	–
οφείλετε	–
οφείλουν(ε)	–

Perfekt **Παρακείμενος**
–
–
–
–
–
–

Imperfekt **Παρατατικός**	Plusquamperfekt **Υπερσυντέλικος**
όφειλα	–
όφειλες	–
όφειλε	–
οφείλαμε	–
οφείλατε	–
όφειλαν/οφείλανε	–

KONJUNKTIV – ΥΠΟΤΑΚΤΙΚΗ

Präsens **Ενεστώτας**	Aorist **Αόριστος**
να οφείλω	–
να οφείλεις	–
να οφείλει	–
να οφείλουμε	–
να οφείλετε	–
να οφείλουν(ε)	–

Perfekt **Παρακείμενος**	Wunschform **Ευχετική**
–	να όφειλα
–	να όφειλες
–	να όφειλε
–	να οφείλαμε
–	να οφείλατε
–	να όφειλαν/ οφείλανε

KONDITIONAL – ΥΠΟΘΕΤΙΚΗ

der Gegenwart **του παρόντος**	der Vergangenheit **του παρελθόντος**
θα όφειλα	–
θα όφειλες	–
θα όφειλε	–
θα οφείλαμε	–
θα οφείλατε	–
θα όφειλαν/οφείλανε	–

Futur continuum **Εξακολουθητικός μέλλοντας**	einmaliges Futur **Στιγμιαίος μέλλοντας**	abgeschlossenes Futur **Συντελεσμένος μέλλοντας**
θα οφείλω	–	–
θα οφείλεις	–	–
θα οφείλει	–	–
θα οφείλουμε	–	–
θα οφείλετε	–	–
θα οφείλουν(ε)	–	–

IMPERATIV – ΠΡΟΣΤΑΚΤΙΚΗ

Präsens **Ενεστώτας**	Aorist **Αόριστος**
όφειλε	–
οφείλετε	–

PARTIZIP – ΜΕΤΟΧΗ

Präsens **Ενεστώτας**	Perfekt (Passiv) **Παρακείμενος**
οφείλοντας	οφειλόμενος

παθαίνω

erleiden

Unregelmäßiges Verb

INDIKATIV – ΟΡΙΣΤΙΚΗ

Präsens Ενεστώτας	Aorist Αόριστος
παθαίνω	έπαθα
παθαίνεις	έπαθες
παθαίνει	έπαθε
παθαίνουμε	(ε)πάθαμε
παθαίνετε	(ε)πάθατε
παθαίνουν(ε)	έπαθαν/πάθανε

Perfekt Παρακείμενος

έχω	πάθει
έχεις	πάθει
έχει	πάθει
έχουμε	πάθει
έχετε	πάθει
έχουν	πάθει

Imperfekt Παρατατικός	Plusquamperfekt Υπερσυντέλικος	
πάθαινα	είχα	πάθει
πάθαινες	είχες	πάθει
πάθαινε	είχε	πάθει
παθαίναμε	είχαμε	πάθει
παθαίνατε	είχατε	πάθει
πάθαιναν/παθαίνανε	είχαν	πάθει

KONJUNKTIV – ΥΠΟΤΑΚΤΙΚΗ

Präsens Ενεστώτας	Aorist Αόριστος
να παθαίνω	να πάθω
να παθαίνεις	να πάθεις
να παθαίνει	να πάθει
να παθαίνουμε	να πάθουμε
να παθαίνετε	να πάθετε
να παθαίνουν(ε)	να πάθουν(ε)

Perfekt Παρακείμενος		Wunschform Ευχετική
να έχω	πάθει	να πάθαινα
να έχεις	πάθει	να πάθαινες
να έχει	πάθει	να πάθαινε
να έχουμε	πάθει	να παθαίναμε
να έχετε	πάθει	να παθαίνατε
να έχουν	πάθει	να πάθαιναν/ παθαίνανε

KONDITIONAL – ΥΠΟΘΕΤΙΚΗ

der Gegenwart του παρόντος	der Vergangenheit του παρελθόντος	
θα πάθαινα	θα είχα	πάθει
θα πάθαινες	θα είχες	πάθει
θα πάθαινε	θα είχε	πάθει
θα παθαίναμε	θα είχαμε	πάθει
θα παθαίνατε	θα είχατε	πάθει
θα πάθαιναν/ παθαίνανε	θα είχαν	πάθει

Futur continuum Εξακολουθητικός μέλλοντας	einmaliges Futur Στιγμιαίος μέλλοντας	abgeschlossenes Futur Συντελεσμένος μέλλοντας	
θα παθαίνω	θα πάθω	θα έχω	πάθει
θα παθαίνεις	θα πάθεις	θα έχεις	πάθει
θα παθαίνει	θα πάθει	θα έχει	πάθει
θα παθαίνουμε	θα πάθουμε	θα έχουμε	πάθει
θα παθαίνετε	θα πάθετε	θα έχετε	πάθει
θα παθαίνουν(ε)	θα πάθουν(ε)	θα έχουν	πάθει

IMPERATIV – ΠΡΟΣΤΑΚΤΙΚΗ

Präsens Ενεστώτας	Aorist Αόριστος
πάθαινε	πάθε
παθαίνετε	πάθετε

PARTIZIP – ΜΕΤΟΧΗ

Präsens Ενεστώτας	Perfekt (Passiv) Παρακείμενος
παθαίνοντας	παθημένος

παίρνω

nehmen, erhalten, kaufen

Unregelmäßiges Verb

INDIKATIV – ΟΡΙΣΤΙΚΗ

Präsens **Ενεστώτας**	Aorist **Αόριστος**
παίρνω	πήρα
παίρνεις	πήρες
παίρνει	πήρε
παίρνουμε	πήραμε
παίρνετε	πήρατε
παίρνουν(ε)	πήραν(ε)

Perfekt Παρακείμενος

έχω	πάρει
έχεις	πάρει
έχει	πάρει
έχουμε	πάρει
έχετε	πάρει
έχουν	πάρει

Imperfekt **Παρατατικός**	Plusquamperfekt **Υπερσυντέλικος**
έπαιρνα	είχα πάρει
έπαιρνες	είχες πάρει
έπαιρνε	είχε πάρει
(ε)παίρναμε	είχαμε πάρει
(ε)παίρνατε	είχατε πάρει
έπαιρναν/παίρνανε	είχαν πάρει

KONJUNKTIV – ΥΠΟΤΑΚΤΙΚΗ

Präsens **Ενεστώτας**	Aorist **Αόριστος**
να παίρνω	να πάρω
να παίρνεις	να πάρεις
να παίρνει	να πάρει
να παίρνουμε	να πάρουμε
να παίρνετε	να πάρετε
να παίρνουν(ε)	να πάρουν(ε)

Perfekt **Παρακείμενος**	Wunschform **Ευχετική**
να έχω πάρει	να έπαιρνα
να έχεις πάρει	να έπαιρνες
να έχει πάρει	να έπαιρνε
να έχουμε πάρει	να (ε)παίρναμε
να έχετε πάρει	να (ε)παίρνατε
να έχουν πάρει	να έπαιρναν/ παίρνανε

KONDITIONAL – ΥΠΟΘΕΤΙΚΗ

der Gegenwart **του παρόντος**	der Vergangenheit **του παρελθόντος**
θα έπαιρνα	θα είχα πάρει
θα έπαιρνες	θα είχες πάρει
θα έπαιρνε	θα είχε πάρει
θα (ε)παίρναμε	θα είχαμε πάρει
θα (ε)παίρνατε	θα είχατε πάρει
θα έπαιρναν/ παίρνανε	θα είχαν πάρει

Futur continuum **Εξακολουθητικός μέλλοντας**	einmaliges Futur **Στιγμιαίος μέλλοντας**	abgeschlossenes Futur **Συντελεσμένος μέλλοντας**
θα παίρνω	θα πάρω	θα έχω πάρει
θα παίρνεις	θα πάρεις	θα έχεις πάρει
θα παίρνει	θα πάρει	θα έχει πάρει
θα παίρνουμε	θα πάρουμε	θα έχουμε πάρει
θα παίρνετε	θα πάρετε	θα έχετε πάρει
θα παίρνουν(ε)	θα πάρουν(ε)	θα έχουν πάρει

IMPERATIV – ΠΡΟΣΤΑΚΤΙΚΗ

Präsens **Ενεστώτας**	Aorist **Αόριστος**
παίρνε	πάρε
παίρνετε	πάρτε

PARTIZIP – ΜΕΤΟΧΗ

Präsens **Ενεστώτας**	Perfekt (Passiv) **Παρακείμενος**
παίρνοντας	παρμένος

παρακαλώ
bitten

INDIKATIV – ΟΡΙΣΤΙΚΗ

Präsens **Ενεστώτας**	Aorist **Αόριστος**
παρακαλώ	παρακάλεσα
παρακαλείς	παρακάλεσες
παρακαλεί	παρακάλεσε
παρακαλούμε	παρακαλέσαμε
παρακαλείτε	παρακαλέσατε
παρακαλούν(ε)	παρακάλεσαν/ παρακαλέσανε

Perfekt
Παρακείμενος

έχω	παρακαλέσει
έχεις	παρακαλέσει
έχει	παρακαλέσει
έχουμε	παρακαλέσει
έχετε	παρακαλέσει
έχουν	παρακαλέσει

Imperfekt **Παρατατικός**	Plusquamperfekt **Υπερσυντέλικος**	
παρακαλούσα	είχα	παρακαλέσει
παρακαλούσες	είχες	παρακαλέσει
παρακαλούσε	είχε	παρακαλέσει
παρακαλούσαμε	είχαμε	παρακαλέσει
παρακαλούσατε	είχατε	παρακαλέσει
παρακαλούσαν(ε)	είχαν	παρακαλέσει

KONJUNKTIV – ΥΠΟΤΑΚΤΙΚΗ

Präsens **Ενεστώτας**	Aorist **Αόριστος**
να παρακαλώ	να παρακαλέσω
να παρακαλείς	να παρακαλέσεις
να παρακαλεί	να παρακαλέσει
να παρακαλούμε	να παρακαλέσουμε
να παρακαλείτε	να παρακαλέσετε
να παρακαλούν(ε)	να παρακαλέσουν

Perfekt **Παρακείμενος**		Wunschform **Ευχετική**
να έχω	παρακαλέσει	να παρακαλούσα
να έχεις	παρακαλέσει	να παρακαλούσες
να έχει	παρακαλέσει	να παρακαλούσε
να έχουμε	παρακαλέσει	να παρακαλούσαμε
να έχετε	παρακαλέσει	να παρακαλούσατε
να έχουν	παρακαλέσει	να παρακαλούσαν(ε)

KONDITIONAL – ΥΠΟΘΕΤΙΚΗ

der Gegenwart **του παρόντος**	der Vergangenheit **του παρελθόντος**	
θα παρακαλούσα	θα είχα	παρακαλέσει
θα παρακαλούσες	θα είχες	παρακαλέσει
θα παρακαλούσε	θα είχε	παρακαλέσει
θα παρακαλούσαμε	θα είχαμε	παρακαλέσει
θα παρακαλούσατε	θα είχατε	παρακαλέσει
θα παρακαλούσαν(ε)	θα είχαν	παρακαλέσει

Futur continuum **Εξακολουθητικός μέλλοντας**	einmaliges Futur **Στιγμιαίος μέλλοντας**	abgeschlossenes Futur **Συντελεσμένος μέλλοντας**	
θα παρακαλώ	θα παρακαλέσω	θα έχω	παρακαλέσει
θα παρακαλείς	θα παρακαλέσεις	θα έχεις	παρακαλέσει
θα παρακαλεί	θα παρακαλέσει	θα έχει	παρακαλέσει
θα παρακαλούμε	θα παρακαλέσουμε	θα έχουμε	παρακαλέσει
θα παρακαλείτε	θα παρακαλέσετε	θα έχετε	παρακαλέσει
θα παρακαλούν(ε)	θα παρακαλέσουν	θα έχουν	παρακαλέσει

IMPERATIV – ΠΡΟΣΤΑΚΤΙΚΗ

Präsens **Ενεστώτας**	Aorist **Αόριστος**
παρακάλα	παρακάλεσε
παρακαλείτε	παρακαλέστε

PARTIZIP – ΜΕΤΟΧΗ

Präsens **Ενεστώτας**	Perfekt (Passiv) **Παρακείμενος**
παρακαλώντας	παρακαλεσμένος

παρασέρνω

jmdn. auf seine Seite bringen, beeinflussen, verführen

Unregelmäßiges Verb

INDIKATIV – ΟΡΙΣΤΙΚΗ

Präsens **Ενεστώτας**	Aorist **Αόριστος**
παρασέρνω	παρέσυρα
παρασέρνεις	παρέσυρες
παρασέρνει	παρέσυρε
παρασέρνουμε	παρασύραμε
παρασέρνετε	παρασύρατε
παρασέρνουν(ε)	παρέσυραν/ παρασύρανε

Perfekt
Παρακείμενος

έχω	παρασύρει
έχεις	παρασύρει
έχει	παρασύρει
έχουμε	παρασύρει
έχετε	παρασύρει
έχουν	παρασύρει

Imperfekt **Παρατατικός**	Plusquamperfekt **Υπερσυντέλικος**
παράσερνα	είχα παρασύρει
παράσερνες	είχες παρασύρει
παράσερνε	είχε παρασύρει
παρασέρναμε	είχαμε παρασύρει
παρασέρνατε	είχατε παρασύρει
παράσερναν/ παρασέρνανε	είχαν παρασύρει

KONJUNKTIV – ΥΠΟΤΑΚΤΙΚΗ

Präsens **Ενεστώτας**	Aorist **Αόριστος**
να παρασέρνω	να παρασύρω
να παρασέρνεις	να παρασύρεις
να παρασέρνει	να παρασύρει
να παρασέρνουμε	να παρασύρουμε
να παρασέρνετε	να παρασύρετε
να παρασέρνουν(ε)	να παρασύρουν

Perfekt **Παρακείμενος**	Wunschform **Ευχετική**
να έχω παρασύρει	να παράσερνα
να έχεις παρασύρει	να παράσερνες
να έχει παρασύρει	να παράσερνε
να έχουμε παρασύρει	να παρασέρναμε
να έχετε παρασύρει	να παρασέρνατε
να έχουν παρασύρει	να παράσερναν/ παρασέρνανε

KONDITIONAL – ΥΠΟΘΕΤΙΚΗ

der Gegenwart **του παρόντος**	der Vergangenheit **του παρελθόντος**
θα παράσερνα	θα είχα παρασύρει
θα παράσερνες	θα είχες παρασύρει
θα παράσερνε	θα είχε παρασύρει
θα παρασέρναμε	θα είχαμε παρασύρει
θα παρασέρνατε	θα είχατε παρασύρει
θα παράσερναν/ παρασέρνανε	θα είχαν παρασύρει

Futur continuum **Εξακολουθητικός μέλλοντας**	einmaliges Futur **Στιγμιαίος μέλλοντας**	abgeschlossenes Futur **Συντελεσμένος μέλλοντας**
θα παρασέρνω	θα παρασύρω	θα έχω παρασύρει
θα παρασέρνεις	θα παρασύρεις	θα έχεις παρασύρει
θα παρασέρνει	θα παρασύρει	θα έχει παρασύρει
θα παρασέρνουμε	θα παρασύρουμε	θα έχουμε παρασύρει
θα παρασέρνετε	θα παρασύρετε	θα έχετε παρασύρει
θα παρασέρνουν(ε)	θα παρασύρουν	θα έχουν παρασύρει

IMPERATIV – ΠΡΟΣΤΑΚΤΙΚΗ

Präsens **Ενεστώτας**	Aorist **Αόριστος**
παράσερνε	παράσυρε
παρασέρνετε	παρασύρετε

PARTIZIP – ΜΕΤΟΧΗ

Präsens **Ενεστώτας**	Perfekt (Passiv) **Παρακείμενος**
παρασέρνοντας	παρασυρμένος

παρκάρω

parken

INDIKATIV – ΟΡΙΣΤΙΚΗ

Präsens **Ενεστώτας**	Aorist **Αόριστος**
παρκάρω	παρκάρ**ισα**
παρκάρεις	παρκάρ**ισες**
παρκάρει	παρκάρ**ισε**
παρκάρουμε	παρκαρ**ίσαμε**
παρκάρετε	παρκαρ**ίσατε**
παρκάρουν(ε)	παρκάρ**ισαν**

Perfekt
Παρακείμενος

έχω	παρκάρει
έχεις	παρκάρει
έχει	παρκάρει
έχουμε	παρκάρει
έχετε	παρκάρει
έχουν	παρκάρει

Imperfekt **Παρατατικός**	Plusquamperfekt **Υπερσυντέλικος**
πάρκαρα	είχα παρκάρει
πάρκαρες	είχες παρκάρει
πάρκαρε	είχε παρκάρει
παρκάραμε	είχαμε παρκάρει
παρκάρατε	είχατε παρκάρει
πάρκαραν/παρκάρανε	είχαν παρκάρει

KONJUNKTIV – ΥΠΟΤΑΚΤΙΚΗ

Präsens **Ενεστώτας**	Aorist **Αόριστος**
να παρκάρω	–
να παρκάρεις	–
να παρκάρει	–
να παρκάρουμε	–
να παρκάρετε	–
να παρκάρουν(ε)	–

Perfekt **Παρακείμενος**	Wunschform **Ευχετική**
να έχω παρκάρει	να πάρκαρα
να έχεις παρκάρει	να πάρκαρες
να έχει παρκάρει	να πάρκαρε
να έχουμε παρκάρει	να παρκάραμε
να έχετε παρκάρει	να παρκάρατε
να έχουν παρκάρει	να πάρκαραν/ παρκάρανε

KONDITIONAL – ΥΠΟΘΕΤΙΚΗ

der Gegenwart **του παρόντος**	der Vergangenheit **του παρελθόντος**
θα πάρκαρα	θα είχα παρκάρει
θα πάρκαρες	θα είχες παρκάρει
θα πάρκαρε	θα είχε παρκάρει
θα παρκάραμε	θα είχαμε παρκάρει
θα παρκάρατε	θα είχατε παρκάρει
θα πάρκαραν/ παρκάρανε	θα είχαν παρκάρει

Futur continuum **Εξακολουθητικός μέλλοντας**	einmaliges Futur **Στιγμιαίος μέλλοντας**	abgeschlossenes Futur **Συντελεσμένος μέλλοντας**
θα παρκάρω	–	θα έχω παρκάρει
θα παρκάρεις	–	θα έχεις παρκάρει
θα παρκάρει	–	θα έχει παρκάρει
θα παρκάρουμε	–	θα έχουμε παρκάρει
θα παρκάρετε	–	θα έχετε παρκάρει
θα παρκάρουν(ε)	–	θα έχουν παρκάρει

IMPERATIV – ΠΡΟΣΤΑΚΤΙΚΗ

Präsens **Ενεστώτας**	Aorist **Αόριστος**
πάρκαρε	παρκάρισε
παρκάρετε	παρκαρίστε

PARTIZIP – ΜΕΤΟΧΗ

Präsens **Ενεστώτας**	Perfekt (Passiv) **Παρακείμενος**
παρκάροντας	παρκαρισμένος

παύω

aufhören, beenden

INDIKATIV – ΟΡΙΣΤΙΚΗ

Präsens Ενεστώτας	Aorist Αόριστος
παύω	έπα**ψα**
παύεις	έπα**ψες**
παύει	έπα**ψε**
παύουμε	(ε)πά**ψαμε**
παύετε	(ε)πά**ψατε**
παύουν(ε)	έπα**ψαν**/πά**ψανε**

Perfekt
Παρακείμενος

έχω	πάψει
έχεις	πάψει
έχει	πάψει
έχουμε	πάψει
έχετε	πάψει
έχουν	πάψει

Imperfekt Παρατατικός	Plusquamperfekt Υπερσυντέλικος
έπαυα	είχα πάψει
έπαυες	είχες πάψει
έπαυε	είχε πάψει
(ε)παύαμε	είχαμε πάψει
(ε)παύατε	είχατε πάψει
έπαυαν/παύανε	είχαν πάψει

KONJUNKTIV – ΥΠΟΤΑΚΤΙΚΗ

Präsens Ενεστώτας	Aorist Αόριστος
να παύω	να πά**ψω**
να παύεις	να πά**ψεις**
να παύει	να πά**ψει**
να παύουμε	να πά**ψουμε**
να παύετε	να πά**ψετε**
να παύουν(ε)	να πά**ψουν(ε)**

Perfekt Παρακείμενος	Wunschform Ευχετική
να έχω πάψει	να έπαυα
να έχεις πάψει	να έπαυες
να έχει πάψει	να έπαυε
να έχουμε πάψει	να (ε)παύαμε
να έχετε πάψει	να (ε)παύατε
να έχουν πάψει	να έπαυαν/παύανε

KONDITIONAL – ΥΠΟΘΕΤΙΚΗ

der Gegenwart του παρόντος	der Vergangenheit του παρελθόντος
θα έπαυα	θα είχα πάψει
θα έπαυες	θα είχες πάψει
θα έπαυε	θα είχε πάψει
θα (ε)παύαμε	θα είχαμε πάψει
θα (ε)παύατε	θα είχατε πάψει
θα έπαυαν/παύανε	θα είχαν πάψει

Futur continuum Εξακολουθητικός μέλλοντας	einmaliges Futur Στιγμιαίος μέλλοντας	abgeschlossenes Futur Συντελεσμένος μέλλοντας
θα παύω	θα πάψω	θα έχω πάψει
θα παύεις	θα πάψεις	θα έχεις πάψει
θα παύει	θα πάψει	θα έχει πάψει
θα παύουμε	θα πάψουμε	θα έχουμε πάψει
θα παύετε	θα πάψετε	θα έχετε πάψει
θα παύουν(ε)	θα πάψουν(ε)	θα έχουν πάψει

IMPERATIV – ΠΡΟΣΤΑΚΤΙΚΗ

Präsens Ενεστώτας	Aorist Αόριστος
παύε	πά**ψε**
παύετε	πά**ψτε**

PARTIZIP – ΜΕΤΟΧΗ

Präsens Ενεστώτας	Perfekt (Passiv) Παρακείμενος
παύοντας	παυ**μένος**

περνώ

verbringen, vorbeikommen, überwinden

Vorsilbe: ξε-

INDIKATIV – ΟΡΙΣΤΙΚΗ

Präsens **Ενεστώτας**	Aorist **Αόριστος**
περνώ	πέρασα
περνάς	πέρασες
περνά/περνάει	πέρασε
περνάμε/περνούμε	περάσαμε
περνάτε	περάσατε
περνούν(ε)/περνάνε	πέρασαν/περάσανε

Perfekt
Παρακείμενος

έχω	περάσει
έχεις	περάσει
έχει	περάσει
έχουμε	περάσει
έχετε	περάσει
έχουν	περάσει

Imperfekt **Παρατατικός**	Plusquamperfekt **Υπερσυντέλικος**
περνούσα	είχα περάσει
περνούσες	είχες περάσει
περνούσε	είχε περάσει
περνούσαμε	είχαμε περάσει
περνούσατε	είχατε περάσει
περνούσαν(ε)	είχαν περάσει

KONJUNKTIV – ΥΠΟΤΑΚΤΙΚΗ

Präsens **Ενεστώτας**	Aorist **Αόριστος**
να περνώ	να περάσω
να περνάς	να περάσεις
να περνά/περνάει	να περάσει
να περνάμε/περνούμε	να περάσουμε
να περνάτε	να περάσετε
να περνούν(ε)/περνάνε	να περάσουν

Perfekt **Παρακείμενος**	Wunschform **Ευχετική**
να έχω περάσει	να περνούσα
να έχεις περάσει	να περνούσες
να έχει περάσει	να περνούσε
να έχουμε περάσει	να περνούσαμε
να έχετε περάσει	να περνούσατε
να έχουν περάσει	να περνούσαν(ε)

KONDITIONAL – ΥΠΟΘΕΤΙΚΗ

der Gegenwart **του παρόντος**	der Vergangenheit **του παρελθόντος**
θα περνούσα	θα είχα περάσει
θα περνούσες	θα είχες περάσει
θα περνούσε	θα είχε περάσει
θα περνούσαμε	θα είχαμε περάσει
θα περνούσατε	θα είχατε περάσει
θα περνούσαν(ε)	θα είχαν περάσει

Futur continuum **Εξακολουθητικός μέλλοντας**	einmaliges Futur **Στιγμιαίος μέλλοντας**	abgeschlossenes Futur **Συντελεσμένος μέλλοντας**
θα περνώ	θα περάσω	θα έχω περάσει
θα περνάς	θα περάσεις	θα έχεις περάσει
θα περνά/περνάει	θα περάσει	θα έχει περάσει
θα περνάμε/περνούμε	θα περάσουμε	θα έχουμε περάσει
θα περνάτε	θα περάσετε	θα έχετε περάσει
θα περνούν(ε)/περνάνε	θα περάσουν(ε)	θα έχουν περάσει

IMPERATIV – ΠΡΟΣΤΑΚΤΙΚΗ

Präsens **Ενεστώτας**	Aorist **Αόριστος**
πέρνα	πέρασε
περνάτε	περάστε

PARTIZIP – ΜΕΤΟΧΗ

Präsens **Ενεστώτας**	Perfekt (Passiv) **Παρακείμενος**
περνώντας	περασμένος

πετιέμαι

aufspringen, kurz/schnell wohin gehen

Unregelmäßiges Verb

INDIKATIV – ΟΡΙΣΤΙΚΗ

Präsens Ενεστώτας	Aorist Αόριστος
πετιέμαι	πετάχτηκα
πετιέσαι	πετάχτηκες
πετιέται	πετάχτηκε
πεταγόμαστε/πετιόμαστε	πεταχτήκαμε
πετάγεστε/πετιέστε	πεταχτήκατε
πετάγονται/πετιούνται	πετάχτηκαν/ πεταχτήκανε

Perfekt Παρακείμενος	
έχω	πεταχτεί
έχεις	πεταχτεί
έχει	πεταχτεί
έχουμε	πεταχτεί
έχετε	πεταχτεί
έχουν	πεταχτεί

Imperfekt Παρατατικός	Plusquamperfekt Υπερσυντέλικος	
πεταγόμουν/πετιόμουν	είχα	πεταχτεί
πεταγόσουν/πετιόσουν	είχες	πεταχτεί
πεταγόταν/πετιόταν	είχε	πεταχτεί
πεταγόμαστε/πετιόμαστε	είχαμε	πεταχτεί
πεταγόσαστε/πετιόσαστε	είχατε	πεταχτεί
πεταγόνταν/πετιόνταν	είχαν	πεταχτεί

KONJUNKTIV – ΥΠΟΤΑΚΤΙΚΗ

Präsens Ενεστώτας	Aorist Αόριστος
να πετιέμαι	να πεταχτώ
να πετιέσαι	να πεταχτείς
να πετιέται	να πεταχτεί
να πεταγόμαστε/πετιόμαστε	να πεταχτούμε
να πετάγεστε/πετιέστε	να πεταχτείτε
να πετάγονται/πετιούνται	να πεταχτούν(ε)

Perfekt Παρακείμενος		Wunschform Ευχετική
να έχω	πεταχεί	να πεταγόμουν/πετιόμουν
να έχεις	πεταχτεί	να πεταγόσουν/πετιόσουν
να έχει	πεταχτεί	να πεταγόταν/πετιόταν
να έχουμε	πεταχτεί	να πεταγόμαστε/πετιόμαστε
να έχετε	πεταχτεί	να πεταγόσαστε/πετιόσαστε
να έχουν	πεταχτεί	να πετάγονταν/πετιόνταν

KONDITIONAL – ΥΠΟΘΕΤΙΚΗ

der Gegenwart του παρόντος	der Vergangenheit του παρελθόντος	
θα πεταγόμουν/πετιόμουν	θα είχα	πεταχτεί
θα πεταγόσουν/πετιόσουν	θα είχες	πεταχτεί
θα πεταγόταν/πετιόταν	θα είχε	πεταχτεί
θα πεταγόμαστε/πετιόμαστε	θα είχαμε	πεταχτεί
θα πεταγόσαστε/πετιόσαστε	θα είχατε	πεταχτεί
θα πεταγόνταν/πετιόνταν	θα είχαν	πεταχτεί

Futur continuum Εξακολουθητικός μέλλοντας	einmaliges Futur Στιγμιαίος μέλλοντας	abgeschlossenes Futur Συντελεσμένος μέλλοντας	
θα πετιέμαι	θα πεταχτώ	θα έχω	πεταχτεί
θα πετιέσαι	θα πεταχτείς	θα έχεις	πεταχτεί
θα πετιέται	θα πεταχτεί	θα έχει	πεταχτεί
θα πεταγόμαστε/πετιόμαστε	θα πεταχτούμε	θα έχουμε	πεταχτεί
θα πεταγόσαστε/πετιέστε	θα πεταχτείτε	θα έχετε	πεταχτεί
θα πετάγονται/πετιούνται	θα πεταχτούν(ε)	θα έχουν	πεταχτεί

IMPERATIV – ΠΡΟΣΤΑΚΤΙΚΗ

Präsens Ενεστώτας	Aorist Αόριστος
–	πετάξου
	πεταχτείτε

PARTIZIP – ΜΕΤΟΧΗ

Präsens Ενεστώτας	Perfekt (Passiv) Παρακείμενος
–	πεταγμένος

πετώ

fliegen, werfen

Unregelmäßiges Verb

INDIKATIV – ΟΡΙΣΤΙΚΗ

Präsens Ενεστώτας	Aorist Αόριστος
πετώ	πέταξα
πετάς	πέταξες
πετά(ει)	πέταξε
πετάμε/πετούμε	πετάξαμε
πετάτε	πετάξατε
πετούν(ε)	πέταξαν(ε)

Perfekt
Παρακείμενος

έχω	πετάξει
έχεις	πετάξει
έχει	πετάξει
έχουμε	πετάξει
έχετε	πετάξει
έχουν	πετάξει

Imperfekt Παρατατικός	Plusquamperfekt Υπερσυντέλικος
πετούσα	είχα πετάξει
πετούσες	είχες πετάξει
πετούσε	είχε πετάξει
πετούσαμε	είχαμε πετάξει
πετούσατε	είχατε πετάξει
πετούσαν(ε)	είχαν πετάξει

KONJUNKTIV – ΥΠΟΤΑΚΤΙΚΗ

Präsens Ενεστώτας	Aorist Αόριστος
να πετώ	να πετάξω
να πετάς	να πετάξεις
να πετά(ει)	να πετάξει
να πετάμε/πετούμε	να πετάξουμε
να πετάτε	να πετάξετε
να πετούν(ε)	να πετάξουν(ε)

Perfekt Παρακείμενος	Wunschform Ευχετική
να έχω πετάξει	να πετούσα
να έχεις πετάξει	να πετούσες
να έχει πετάξει	να πετούσε
να έχουμε πετάξει	να πετούσαμε
να έχετε πετάξει	να πετούσατε
να έχουν πετάξει	να πετούσαν(ε)

KONDITIONAL – ΥΠΟΘΕΤΙΚΗ

der Gegenwart του παρόντος	der Vergangenheit του παρελθόντος
θα πετούσα	θα είχα πετάξει
θα πετούσες	θα είχες πετάξει
θα πετούσε	θα είχε πετάξει
θα πετούσαμε	θα είχαμε πετάξει
θα πετούσατε	θα είχατε πετάξει
θα πετούσαν(ε)	θα είχαν πετάξει

Futur continuum Εξακολουθητικός μέλλοντας	einmaliges Futur Στιγμιαίος μέλλοντας	abgeschlossenes Futur Συντελεσμένος μέλλοντας
θα πετώ	θα πετάξω	θα έχω πετάξει
θα πετάς	θα πετάξεις	θα έχεις πετάξει
θα πετά(ει)	θα πετάξει	θα έχει πετάξει
θα πετάμε/πετούμε	θα πετάξουμε	θα έχουμε πετάξει
θα πετάτε	θα πετάξετε	θα έχετε πετάξει
θα πετούν(ε)	θα πετάξουν(ε)	θα έχουν πετάξει

IMPERATIV – ΠΡΟΣΤΑΚΤΙΚΗ

Präsens Ενεστώτας	Aorist Αόριστος
πέτα	πέταξε
πετάτε	πετάξτε

PARTIZIP – ΜΕΤΟΧΗ

Präsens Ενεστώτας	Perfekt (Passiv) Παρακείμενος
πετώντας	πεταγμένος

πηγαίνω/πάω

gehen

Unregelmäßiges Verb

INDIKATIV – ΟΡΙΣΤΙΚΗ

Präsens Ενεστώτας	Aorist Αόριστος
πηγαίνω	πήγα
πηγαίνεις	πήγες
πηγαίνει	πήγε
πηγαίνουμε	πήγαμε
πηγαίνετε	πήγατε
πηγαίνουν(ε)	πήγαν(ε)

Perfekt Παρακείμενος

έχω	πάει
έχεις	πάει
έχει	πάει
έχουμε	πάει
έχετε	πάει
έχουν	πάει

Imperfekt Παρατατικός	Plusquamperfekt Υπερσυντέλικος
πήγαινα	είχα πάει
πήγαινες	είχες πάει
πήγαινε	είχε πάει
πηγαίναμε	είχαμε πάει
πηγαίνατε	είχατε πάει
πήγαιναν/πηγαίνανε	είχαν πάει

KONJUNKTIV – ΥΠΟΤΑΚΤΙΚΗ

Präsens Ενεστώτας	Aorist Αόριστος
να πηγαίνω	να πάω
να πηγαίνεις	να πας
να πηγαίνει	να πάει
να πηγαίνουμε	να πάμε
να πηγαίνετε	να πάτε
να πηγαίνουν(ε)	να παν/πάνε

Perfekt Παρακείμενος	Wunschform Ευχετική
να έχω πάει	να πήγαινα
να έχεις πάει	να πήγαινες
να έχει πάει	να πήγαινε
να έχουμε πάει	να πηγαίναμε
να έχετε πάει	να πηγαίνατε
να έχουν πάει	να πήγαιναν/πηγαίνανε

KONDITIONAL – ΥΠΟΘΕΤΙΚΗ

der Gegenwart του παρόντος	der Vergangenheit του παρελθόντος
θα πήγαινα	θα είχα πάει
θα πήγαινες	θα είχες πάει
θα πήγαινε	θα είχε πάει
θα πηγαίναμε	θα είχαμε πάει
θα πηγαίνατε	θα είχατε πάει
θα πήγαιναν/πηγαίνανε	θα είχαν πάει

Futur continuum Εξακολουθητικός μέλλοντας	einmaliges Futur Στιγμιαίος μέλλοντας	abgeschlossenes Futur Συντελεσμένος μέλλοντας
θα πηγαίνω	θα πάω	θα έχω πάει
θα πηγαίνεις	θα πας	θα έχεις πάει
θα πηγαίνει	θα πάει	θα έχει πάει
θα πηγαίνουμε	θα πάμε	θα έχουμε πάει
θα πηγαίνετε	θα πάτε	θα έχετε πάει
θα πηγαίνουν(ε)	θα παν/πάνε	θα έχουν πάει

IMPERATIV – ΠΡΟΣΤΑΚΤΙΚΗ

Präsens Ενεστώτας	Aorist Αόριστος
πήγαινε	να πας
πηγαίνετε	να πάτε

PARTIZIP – ΜΕΤΟΧΗ

Präsens Ενεστώτας	Perfekt (Passiv) Παρακείμενος
πηγαίνοντας	πηγεμένος

πηδώ
springen

INDIKATIV – ΟΡΙΣΤΙΚΗ

Präsens **Ενεστώτας**	Aorist **Αόριστος**
πηδώ	πήδησα
πηδάς	πήδησες
πηδά(ει)	πήδησε
πηδάμε/πηδούμε	πηδήσαμε
πηδάτε	πηδήσατε
πηδούν(ε)	πήδησαν(ε)

Perfekt **Παρακείμενος**	
έχω	πηδήσει
έχεις	πηδήσει
έχει	πηδήσει
έχουμε	πηδήσει
έχετε	πηδήσει
έχουν	πηδήσει

Imperfekt **Παρατατικός**	Plusquamperfekt **Υπερσυντέλικος**	
πηδούσα	είχα	πηδήσει
πηδούσες	είχες	πηδήσει
πηδούσε	είχε	πηδήσει
πηδούσαμε	είχαμε	πηδήσει
πηδούσατε	είχατε	πηδήσει
πηδούσαν(ε)	είχαν	πηδήσει

KONJUNKTIV – ΥΠΟΤΑΚΤΙΚΗ

Präsens **Ενεστώτας**	Aorist **Αόριστος**
να πηδώ	να πηδήσω
να πηδάς	να πηδήσεις
να πηδά(ει)	να πηδήσει
να πηδάμε/πηδούμε	να πηδήσουμε
να πηδάτε	να πηδήσετε
να πηδούν(ε)	να πηδήσουν(ε)

Perfekt **Παρακείμενος**		Wunschform **Ευχετική**
να έχω	πηδήσει	να πηδούσα
να έχεις	πηδήσει	να πηδούσες
να έχει	πηδήσει	να πηδούσε
να έχουμε	πηδήσει	να πηδούσαμε
να έχετε	πηδήσει	να πηδούσατε
να έχουν	πηδήσει	να πηδούσαν(ε)

KONDITIONAL – ΥΠΟΘΕΤΙΚΗ

der Gegenwart **του παρόντος**	der Vergangenheit **του παρελθόντος**	
θα πηδούσα	θα είχα	πηδήσει
θα πηδούσες	θα είχες	πηδήσει
θα πηδούσε	θα είχε	πηδήσει
θα πηδούσαμε	θα είχαμε	πηδήσει
θα πηδούσατε	θα είχατε	πηδήσει
θα πηδούσαν(ε)	θα είχαν	πηδήσει

Futur continuum **Εξακολουθητικός μέλλοντας**	einmaliges Futur **Στιγμιαίος μέλλοντας**	abgeschlossenes Futur **Συντελεσμένος μέλλοντας**	
θα πηδώ	θα πηδήσω	θα έχω	πηδήσει
θα πηδάς	θα πηδήσεις	θα έχεις	πηδήσει
θα πηδά(ει)	θα πηδήσει	θα έχει	πηδήσει
θα πηδάμε/πηδούμε	θα πηδήσουμε	θα έχουμε	πηδήσει
θα πηδάτε	θα πηδήσετε	θα έχετε	πηδήσει
θα πηδούν(ε)	θα πηδήσουν(ε)	θα έχουν	πηδήσει

IMPERATIV – ΠΡΟΣΤΑΚΤΙΚΗ

Präsens **Ενεστώτας**	Aorist **Αόριστος**
πήδα	πήδησε
πηδάτε	πηδήστε

PARTIZIP – ΜΕΤΟΧΗ

Präsens **Ενεστώτας**	Perfekt (Passiv) **Παρακείμενος**
πηδώντας	πηδη(γ)μένος

πιάνομαι

sich festhalten

INDIKATIV – ΟΡΙΣΤΙΚΗ

Präsens Ενεστώτας	Aorist Αόριστος
πιάνομαι	πιά**στηκα**
πιάνεσαι	πιά**στηκες**
πιάνεται	πιά**στηκε**
πιανόμαστε	πια**στήκαμε**
πιάνεστε	πια**στήκατε**
πιάνονται	πιά**στηκαν**

Perfekt
Παρακείμενος

έχω	πιαστεί
έχεις	πιαστεί
έχει	πιαστεί
έχουμε	πιαστεί
έχετε	πιαστεί
έχουν	πιαστεί

Imperfekt **Παρατατικός**	Plusquamperfekt **Υπερσυντέλικος**
πιανόμουν	είχα πιαστεί
πιανόσουν	είχες πιαστεί
πιανόταν	είχε πιαστεί
πιανόμαστε	είχαμε πιαστεί
πιανόσαστε	είχατε πιαστεί
πιανόνταν	είχαν πιαστεί

KONJUNKTIV – ΥΠΟΤΑΚΤΙΚΗ

Präsens Ενεστώτας	Aorist Αόριστος
να πιάνομαι	να πια**στώ**
να πιάνεσαι	να πια**στείς**
να πιάνεται	να πια**στεί**
να πιανόμαστε	να πια**στούμε**
να πιάνεστε	να πια**στείτε**
να πιάνονται	να πια**στούν**

Perfekt **Παρακείμενος**	Wunschform **Ευχετική**
να έχω πιαστεί	να πιανόμουν
να έχεις πιαστεί	να πιανόσουν
να έχει πιαστεί	να πιανόταν
να έχουμε πιαστεί	να πιανόμαστε
να έχετε πιαστεί	να πιανόσαστε
να έχουν πιαστεί	να πιανόνταν

KONDITIONAL – ΥΠΟΘΕΤΙΚΗ

der Gegenwart **του παρόντος**	der Vergangenheit **του παρελθόντος**
θα πιανόμουν	θα είχα πιαστεί
θα πιανόσουν	θα είχες πιαστεί
θα πιανόταν	θα είχε πιαστεί
θα πιανόμαστε	θα είχαμε πιαστεί
θα πιανόσαστε	θα είχατε πιαστεί
θα πιανόνταν	θα είχαν πιαστεί

Futur continuum **Εξακολουθητικός μέλλοντας**	einmaliges Futur **Στιγμιαίος μέλλοντας**	abgeschlossenes Futur **Συντελεσμένος μέλλοντας**
θα πιάνομαι	θα πιαστώ	θα έχω πιαστεί
θα πιάνεσαι	θα πιαστείς	θα έχεις πιαστεί
θα πιάνεται	θα πιαστεί	θα έχει πιαστεί
θα πιανόμαστε	θα πιαστούμε	θα έχουμε πιαστεί
θα πιάνεστε	θα πιαστείτε	θα έχετε πιαστεί
θα πιάνονται	θα πιαστούν	θα έχουν πιαστεί

IMPERATIV – ΠΡΟΣΤΑΚΤΙΚΗ

Präsens **Ενεστώτας**	Aorist **Αόριστος**
να πιάνεσαι	πιάσου
να πιάνεστε	πιαστείτε

PARTIZIP – ΜΕΤΟΧΗ

Präsens **Ενεστώτας**	Perfekt (Passiv) **Παρακείμενος**
–	πια**σμένος**

πίνω
trinken

Unregelmäßiges Verb
Vorsilbe: απο-, κατα-, παρα-, σιγο-, ξανα-

INDIKATIV – ΟΡΙΣΤΙΚΗ

Präsens **Ενεστώτας**	Aorist **Αόριστος**
πίνω	ήπια
πίνεις	ήπιες
πίνει	ήπιε
πίνουμε	ήπιαμε
πίνετε	ήπιατε
πίνουν(ε)	ήπιαν(ε)

Perfekt
Παρακείμενος

έχω	πιει
έχεις	πιει
έχει	πιει
έχουμε	πιει
έχετε	πιει
έχουν	πιει

Imperfekt **Παρατατικός**	Plusquamperfekt **Υπερσυντέλικος**
έπινα	είχα πιει
έπινες	είχες πιει
έπινε	είχε πιει
(ε)πίναμε	είχαμε πιει
(ε)πίνατε	είχατε πιει
έπιναν/πίνανε	είχαν πιει

Futur continuum **Εξακολουθητικός μέλλοντας**	einmaliges Futur **Στιγμιαίος μέλλοντας**	abgeschlossenes Futur **Συντελεσμένος μέλλοντας**
θα πίνω	θα πιω	θα έχω πιει
θα πίνεις	θα πιεις	θα έχεις πιει
θα πίνει	θα πιει	θα έχει πιει
θα πίνουμε	θα πιούμε	θα έχουμε πιει
θα πίνετε	θα πιείτε	θα έχετε πιει
θα πίνουν(ε)	θα πιούν(ε)	θα έχουν πιει

KONJUNKTIV – ΥΠΟΤΑΚΤΙΚΗ

Präsens **Ενεστώτας**	Aorist **Αόριστος**
να πίνω	να πιω
να πίνεις	να πιεις
να πίνει	να πιει
να πίνουμε	να πιούμε
να πίνετε	να πιείτε
να πίνουν(ε)	να πιούν(ε)

Perfekt **Παρακείμενος**	Wunschform **Ευχετική**
να έχω πιει	να έπινα
να έχεις πιει	να έπινες
να έχει πιει	να έπινε
να έχουμε πιει	να (ε)πίναμε
να έχετε πιει	να (ε)πίνατε
να έχουν πιει	να έπιναν/πίνανε

KONDITIONAL – ΥΠΟΘΕΤΙΚΗ

der Gegenwart **του παρόντος**	der Vergangenheit **του παρελθόντος**
θα έπινα	θα είχα πιει
θα έπινες	θα είχες πιει
θα έπινε	θα είχε πιει
θα (ε)πίναμε	θα είχαμε πιει
θα (ε)πίνατε	θα είχατε πιει
θα έπιναν/πίνανε	θα είχαν πιει

IMPERATIV – ΠΡΟΣΤΑΚΤΙΚΗ

Präsens **Ενεστώτας**	Aorist **Αόριστος**
πίνε	πιες/πιε
πίνετε	πιείτε/πιέτε

PARTIZIP – ΜΕΤΟΧΗ

Präsens **Ενεστώτας**	Perfekt (Passiv) **Παρακείμενος**
πίνοντας	πιωμένος

πονώ

Schmerz haben, weh tun

INDIKATIV – ΟΡΙΣΤΙΚΗ

Präsens **Ενεστώτας**	Aorist **Αόριστος**
πονώ	πόν**εσα**
πονάς	πόν**εσες**
πονά/πονάει	πόν**εσε**
πονάμε/πονούμε	πον**έσαμε**
πονάτε	πον**έσατε**
πονούν/πονάνε	πόν**εσαν**/πον**έσανε**

Perfekt
Παρακείμενος

έχω	πονέσει
έχεις	πονέσει
έχει	πονέσει
έχουμε	πονέσει
έχετε	πονέσει
έχουν	πονέσει

Imperfekt **Παρατατικός**	Plusquamperfekt **Υπερσυντέλικος**
πονούσα	είχα πονέσει
πονούσες	είχες πονέσει
πονούσε	είχε πονέσει
πονούσαμε	είχαμε πονέσει
πονούσατε	είχατε πονέσει
πονούσαν(ε)	είχαν πονέσει

KONJUNKTIV – ΥΠΟΤΑΚΤΙΚΗ

Präsens **Ενεστώτας**	Aorist **Αόριστος**
να πονώ	να πον**έσω**
να πονάς	να πον**έσεις**
να πονά/πονάει	να πον**έσει**
να πονάμε/πονούμε	να πον**έσουμε**
να πονάτε	να πον**έσετε**
να πονούν/πονάνε	να πον**έσουν(ε)**

Perfekt **Παρακείμενος**	Wunschform **Ευχετική**
να έχω πονέσει	να πονούσα
να έχεις πονέσει	να πονούσες
να έχει πονέσει	να πονούσε
να έχουμε πονέσει	να πονούσαμε
να έχετε πονέσει	να πονούσατε
να έχουν πονέσει	να πονούσαν(ε)

KONDITIONAL – ΥΠΟΘΕΤΙΚΗ

der Gegenwart **του παρόντος**	der Vergangenheit **του παρελθόντος**
θα πονούσα	θα είχα πονέσει
θα πονούσες	θα είχες πονέσει
θα πονούσε	θα είχε πονέσει
θα πονούσαμε	θα είχαμε πονέσει
θα πονούσατε	θα είχατε πονέσει
θα πονούσαν(ε)	θα είχαν πονέσει

Futur continuum **Εξακολουθητικός μέλλοντας**	einmaliges Futur **Στιγμιαίος μέλλοντας**	abgeschlossenes Futur **Συντελεσμένος μέλλοντας**
θα πονώ	θα πονέσω	θα έχω πονέσει
θα πονάς	θα πονέσεις	θα έχεις πονέσει
θα πονά/πονάει	θα πονέσει	θα έχει πονέσει
θα πονάμε/πονούμε	θα πονέσουμε	θα έχουμε πονέσει
θα πονάτε	θα πονέσετε	θα έχετε πονέσει
θα πονούν/πονάνε	θα πονέσουν(ε)	θα έχουν πονέσει

IMPERATIV – ΠΡΟΣΤΑΚΤΙΚΗ

Präsens **Ενεστώτας**	Aorist **Αόριστος**
πόνα	πόνεσε
πονάτε	πονέστε

PARTIZIP – ΜΕΤΟΧΗ

Präsens **Ενεστώτας**	Perfekt (Passiv) **Παρακείμενος**
πονώντας	πονεμένος

ρέω

fließen

Unregelmäßiges Verb
Vorsilbe: δια-, κατα-, συρ-

INDIKATIV – ΟΡΙΣΤΙΚΗ

Präsens **Ενεστώτας**	Aorist **Αόριστος**
ρέω	έρρευσα
ρέεις	έρρευσες
ρέει	έρρευσε
ρέουμε	ερρεύσαμε/ρεύσαμε
ρέετε	ερρεύσατε/ρεύσατε
ρέουν	έρρευσαν/ρεύσανε

Perfekt
Παρακείμενος

έχω	ρεύσει
έχεις	ρεύσει
έχει	ρεύσει
έχουμε	ρεύσει
έχετε	ρεύσει
έχουν	ρεύσει

Imperfekt **Παρατατικός**	Plusquamperfekt **Υπερσυντέλικος**
έρρεα	είχα ρεύσει
έρρεες	είχες ρεύσει
έρρεε	είχε ρεύσει
ερρέαμε	είχαμε ρεύσει
ερρέατε	είχατε ρεύσει
έρρεαν/ερρέανε	είχαν ρεύσει

KONJUNKTIV – ΥΠΟΤΑΚΤΙΚΗ

Präsens **Ενεστώτας**	Aorist **Αόριστος**
να ρέω	να ρεύσω
να ρέεις	να ρεύσεις
να ρέει	να ρεύσει
να ρέουμε	να ρεύσουμε
να ρέετε	να ρεύσετε
να ρέουν	να ρεύσουν

Perfekt **Παρακείμενος**	Wunschform **Ευχετική**
να έχω ρεύσει	να έρρεα
να έχεις ρεύσει	να έρρεες
να έχει ρεύσει	να έρρεε
να έχουμε ρεύσει	να ερρέαμε
να έχετε ρεύσει	να ερρέατε
να έχουν ρεύσει	να έρρεαν/ερρέανε

KONDITIONAL – ΥΠΟΘΕΤΙΚΗ

der Gegenwart **του παρόντος**	der Vergangenheit **του παρελθόντος**
θα έρρεα	θα είχα ρεύσει
θα έρρεες	θα είχες ρεύσει
θα έρρεε	θα είχε ρεύσει
θα ερρέαμε	θα είχαμε ρεύσει
θα ερρέατε	θα είχατε ρεύσει
θα έρρεαν/ερρέανε	θα είχαν ρεύσει

Futur continuum **Εξακολουθητικός μέλλοντας**	einmaliges Futur **Στιγμιαίος μέλλοντας**	abgeschlossenes Futur **Συντελεσμένος μέλλοντας**
θα ρέω	θα ρεύσω	θα έχω ρεύσει
θα ρέεις	θα ρεύσεις	θα έχεις ρεύσει
θα ρέει	θα ρεύσει	θα έχει ρεύσει
θα ρέουμε	θα ρεύσουμε	θα έχουμε ρεύσει
θα ρέετε	θα ρεύσετε	θα έχετε ρεύσει
θα ρέουν	θα ρεύσουν	θα έχουν ρεύσει

IMPERATIV – ΠΡΟΣΤΑΚΤΙΚΗ

Präsens **Ενεστώτας**	Aorist **Αόριστος**
ρέ**ε**	ρεύσε
ρέ**ετε**	ρεύσ(ε)τε

PARTIZIP – ΜΕΤΟΧΗ

Präsens **Ενεστώτας**	Perfekt (Passiv) **Παρακείμενος**
ρέ**οντας**	ρευσμένος

ρουφώ

schlürfen

INDIKATIV – ΟΡΙΣΤΙΚΗ

Präsens **Ενεστώτας**	Aorist **Αόριστος**
ρουφώ	ρούφ**ηξα**
ρουφάς	ρούφ**ηξες**
ρουφά(ει)	ρούφ**ηξε**
ρουφάμε	ρουφ**ήξαμε**
ρουφάτε	ρουφ**ήξατε**
ρουφούν/ρουφάνε	ρούφ**ηξαν**/ ρουφ**ήξανε**

Perfekt
Παρακείμενος

έχω	ρουφήξει
έχεις	ρουφήξει
έχει	ρουφήξει
έχουμε	ρουφήξει
έχετε	ρουφήξει
έχουν	ρουφήξει

Imperfekt **Παρατατικός**	Plusquamperfekt **Υπερσυντέλικος**
ρουφούσα	είχα ρουφήξει
ρουφούσες	είχες ρουφήξει
ρουφούσε	είχε ρουφήξει
ρουφούσαμε	είχαμε ρουφήξει
ρουφούσατε	είχατε ρουφήξει
ρουφούσαν(ε)	είχαν ρουφήξει

KONJUNKTIV – ΥΠΟΤΑΚΤΙΚΗ

Präsens **Ενεστώτας**	Aorist **Αόριστος**
να ρουφώ	να ρουφ**ήξω**
να ρουφάς	να ρουφ**ήξεις**
να ρουφά(ει)	να ρουφ**ήξει**
να ρουφάμε	να ρουφ**ήξουμε**
να ρουφάτε	να ρουφ**ήξετε**
να ρουφούν/ρουφάνε	να ρουφ**ήξουν(ε)**

Perfekt **Παρακείμενος**	Wunschform **Ευχετική**
να έχω ρουφήξει	να ρουφούσα
να έχεις ρουφήξει	να ρουφούσες
να έχει ρουφήξει	να ρουφούσε
να έχουμε ρουφήξει	να ρουφούσαμε
να έχετε ρουφήξει	να ρουφούσατε
να έχουν ρουφήξει	να ρουφούσαν(ε)

KONDITIONAL – ΥΠΟΘΕΤΙΚΗ

der Gegenwart **του παρόντος**	der Vergangenheit **του παρελθόντος**
θα ρουφούσα	θα είχα ρουφήξει
θα ρουφούσες	θα είχες ρουφήξει
θα ρουφούσε	θα είχε ρουφήξει
θα ρουφούσαμε	θα είχαμε ρουφήξει
θα ρουφούσατε	θα είχατε ρουφήξει
θα ρουφούσαν(ε)	θα είχαν ρουφήξει

Futur continuum **Εξακολουθητικός μέλλοντας**	einmaliges Futur **Στιγμιαίος μέλλοντας**	abgeschlossenes Futur **Συντελεσμένος μέλλοντας**
θα ρουφώ	θα ρουφήξω	θα έχω ρουφήξει
θα ρουφάς	θα ρουφήξεις	θα έχεις ρουφήξει
θα ρουφά(ει)	θα ρουφήξει	θα έχει ρουφήξει
θα ρουφάμε	θα ρουφήξουμε	θα έχουμε ρουφήξει
θα ρουφάτε	θα ρουφήξετε	θα έχετε ρουφήξει
θα ρουφούν/ρουφάνε	θα ρουφήξουν(ε)	θα έχουν ρουφήξει

IMPERATIV – ΠΡΟΣΤΑΚΤΙΚΗ

Präsens **Ενεστώτας**	Aorist **Αόριστος**
ρούφα	ρούφ**ηξε**
ρουφάτε	ρουφ**ήξτε**

PARTIZIP – ΜΕΤΟΧΗ

Präsens **Ενεστώτας**	Perfekt (Passiv) **Παρακείμενος**
ρουφώντας	ρουφη**γμένος**

σερβίρω
servieren

INDIKATIV – ΟΡΙΣΤΙΚΗ

Präsens **Ενεστώτας**	Aorist **Αόριστος**
σερβίρω	σερβίρ**ισα**
σερβίρεις	σερβίρ**ισες**
σερβίρει	σερβίρ**ισε**
σερβίρουμε	σερβιρ**ίσαμε**
σερβίρετε	σερβιρ**ίσατε**
σερβίρουν(ε)	σερβίρ**ισαν**/ σερβιρ**ίσανε**

Perfekt
Παρακείμενος

έχω	σερβίρει
έχεις	σερβίρει
έχει	σερβίρει
έχουμε	σερβίρει
έχετε	σερβίρει
έχουν	σερβίρει

Imperfekt **Παρατατικός**	Plusquamperfekt **Υπερσυντέλικος**
σέρβιρα	είχα σερβίρει
σέρβιρες	είχες σερβίρει
σέρβιρε	είχε σερβίρει
σερβίραμε	είχαμε σερβίρει
σερβίρατε	είχατε σερβίρει
σέρβιραν	είχαν σερβίρει

KONJUNKTIV – ΥΠΟΤΑΚΤΙΚΗ

Präsens **Ενεστώτας**	Aorist **Αόριστος**
να σερβίρω	να σερβίρω
να σερβίρεις	να σερβίρεις
να σερβίρει	να σερβίρει
να σερβίρουμε	να σερβίρουμε
να σερβίρετε	να σερβίρετε
να σερβίρουν(ε)	να σερβίρουν(ε)

Perfekt **Παρακείμενος**	Wunschform **Ευχετική**
να έχω σερβίρει	να σέρβιρα
να έχεις σερβίρει	να σέρβιρες
να έχει σερβίρει	να σέρβιρε
να έχουμε σερβίρει	να σερβίραμε
να έχετε σερβίρει	να σερβίρατε
να έχουν σερβίρει	να σέρβιραν

KONDITIONAL – ΥΠΟΘΕΤΙΚΗ

der Gegenwart **του παρόντος**	der Vergangenheit **του παρελθόντος**
θα σέρβιρα	θα είχα σερβίρει
θα σέρβιρες	θα είχες σερβίρει
θα σέρβιρε	θα είχε σερβίρει
θα σερβίραμε	θα είχαμε σερβίρει
θα σερβίρατε	θα είχατε σερβίρει
θα σέρβιραν	θα είχαν σερβίρει

Futur continuum **Εξακολουθητικός μέλλοντας**	einmaliges Futur **Στιγμιαίος μέλλοντας**	abgeschlossenes Futur **Συντελεσμένος μέλλοντας**
θα σερβίρω	–	θα έχω σερβίρει
θα σερβίρεις	–	θα έχεις σερβίρει
θα σερβίρει	–	θα έχει σερβίρει
θα σερβίρουμε	–	θα έχουμε σερβίρει
θα σερβίρετε	–	θα έχετε σερβίρει
θα σερβίρουν(ε)	–	θα έχουν σερβίρει

IMPERATIV – ΠΡΟΣΤΑΚΤΙΚΗ

Präsens **Ενεστώτας**	Aorist **Αόριστος**
σέρβιρε	σερβίρ**ισε**
σερβίρετε	σερβιρ**είστε**

PARTIZIP – ΜΕΤΟΧΗ

Präsens **Ενεστώτας**	Perfekt (Passiv) **Παρακείμενος**
σερβίροντας	σερβιρι**σμένος**

στερούμαι

Mangel haben, entbehren

INDIKATIV – ΟΡΙΣΤΙΚΗ

Präsens **Ενεστώτας**	Aorist **Αόριστος**
στερούμαι	στερ**ήθηκα**
στερείσαι	στερ**ήθηκες**
στερείται	στερ**ήθηκε**
στερούμαστε	στερ**ηθήκαμε**
στερείστε	στερ**ηθήκατε**
στερούνται	στερ**ήθηκαν**/ στερ**ηθήκανε**

Perfekt Παρακείμενος

έχω	στερηθεί
έχεις	στερηθεί
έχει	στερηθεί
έχουμε	στερηθεί
έχετε	στερηθεί
έχουν	στερηθεί

Imperfekt **Παρατατικός**	Plusquamperfekt **Υπερσυντέλικος**
στερούμουν	είχα στερηθεί
στερούσουν	είχες στερηθεί
στερούνταν	είχε στερηθεί
στερούμαστε	είχαμε στερηθεί
στερούσαστε	είχατε στερηθεί
στερούνταν	είχαν στερηθεί

KONJUNKTIV – ΥΠΟΤΑΚΤΙΚΗ

Präsens **Ενεστώτας**	Aorist **Αόριστος**
να στερούμαι	να στερ**ηθώ**
να στερείσαι	να στερ**ηθείς**
να στερείται	να στερ**ηθεί**
να στερούμαστε	να στερ**ηθούμαι**
να στερείστε	να στερ**ηθείτε**
να στερούνται	να στερ**ηθούν(ε)**

Perfekt **Παρακείμενος**	Wunschform **Ευχετική**
να έχω στερηθεί	να στερούμουν
να έχεις στερηθεί	να στερούσουν
να έχει στερηθεί	να στερούνταν
να έχουμε στερηθεί	να στερούμαστε
να έχετε στερηθεί	να στερούσαστε
να έχουν στερηθεί	να στερούνταν

KONDITIONAL – ΥΠΟΘΕΤΙΚΗ

der Gegenwart **του παρόντος**	der Vergangenheit **του παρελθόντος**
θα στερούμουν	θα είχα στερηθεί
θα στερούσουν	θα είχες στερηθεί
θα στερούνταν	θα είχε στερηθεί
θα στερούμαστε	θα είχαμε στερηθεί
θα στερούσαστε	θα είχατε στερηθεί
θα στερούνταν	θα είχαν στερηθεί

Futur continuum **Εξακολουθητικός μέλλοντας**	einmaliges Futur **Στιγμιαίος μέλλοντας**	abgeschlossenes Futur **Συντελεσμένος μέλλοντας**
θα στερούμαι	θα στερηθώ	θα έχω στερηθεί
θα στερείσαι	θα στερηθείς	θα έχεις στερηθεί
θα στερείται	θα στερηθεί	θα έχει στερηθεί
θα στερούμαστε	θα στερηθούμε	θα έχουμε στερηθεί
θα στερείστε	θα στερηθείτε	θα έχετε στερηθεί
θα στερούνται	θα στερηθούν(ε)	θα έχουν στερηθεί

IMPERATIV – ΠΡΟΣΤΑΚΤΙΚΗ

Präsens **Ενεστώτας**	Aorist **Αόριστος**
να στερ**είσαι**	στερ**ήσου**
να στερ**είστε**	στερ**ηθείτε**

PARTIZIP – ΜΕΤΟΧΗ

Präsens **Ενεστώτας**	Perfekt (Passiv) **Παρακείμενος**
στερούμενος	στερη**μένος**

συλλογίζομαι
nachdenken

INDIKATIV – ΟΡΙΣΤΙΚΗ

Präsens **Ενεστώτας**	Aorist **Αόριστος**
συλλογίζομαι	συλλογί**στηκα**
συλλογίζεσαι	συλλογί**στηκες**
συλλογίζεται	συλλογί**στηκε**
συλλογιζόμαστε	συλλογι**στήκαμε**
συλλογίζεστε	συλλογι**στήκατε**
συλλογίζονται	συλλογί**στηκαν**/ συλλογιστ**ήκανε**

Perfekt Παρακείμενος

έχω	συλλογιστεί
έχεις	συλλογιστεί
έχει	συλλογιστεί
έχουμε	συλλογιστεί
έχετε	συλλογιστεί
έχουν	συλλογιστεί

Imperfekt Παρατατικός	**Plusquamperfekt Υπερσυντέλικος**	
συλλογιόμουν	είχα	συλλογιστεί
συλλογιόσουν	είχες	συλλογιστεί
συλλογιόταν	είχε	συλλογιστεί
συλλογιόμαστε	είχαμε	συλλογιστεί
συλλογιόσαστε	είχατε	συλλογιστεί
συλλογιόνταν	είχαν	συλλογιστεί

KONJUNKTIV – ΥΠΟΤΑΚΤΙΚΗ

Präsens **Ενεστώτας**	Aorist **Αόριστος**
να συλλογίζομαι	να συλλογι**στώ**
να συλλογίζεσαι	να συλλογι**στείς**
να συλλογίζεται	να συλλογι**στεί**
να συλλογιζόμαστε	να συλλογι**στούμ**ε
να συλλογίζεστε	να συλλογι**στείτε**
να συλλογίζονται	να συλλογι**στούν**

Perfekt Παρακείμενος		**Wunschform Ευχετική**
να έχω	συλλογιστεί	να συλλογιόμουν
να έχεις	συλλογιστεί	να συλλογιόσουν
να έχει	συλλογιστεί	να συλλογιόταν
να έχουμε	συλλογιστεί	να συλλογιόμαστε
να έχετε	συλλογιστεί	να συλλογιόσαστε
να έχουν	συλλογιστεί	να συλλογιόνταν

KONDITIONAL – ΥΠΟΘΕΤΙΚΗ

der Gegenwart του παρόντος	**der Vergangenheit του παρελθόντος**	
θα συλλογιόμουν	θα είχα	συλλογιστεί
θα συλλογιόσουν	θα είχες	συλλογιστεί
θα συλλογιόταν	θα είχε	συλλογιστεί
θα συλλογιόμαστε	θα είχαμε	συλλογιστεί
θα συλλογιόσαστε	θα είχατε	συλλογιστεί
θα συλλογιόνταν	θα είχαν	συλλογιστεί

Futur continuum Εξακολουθητικός μέλλοντας	**einmaliges Futur Στιγμιαίος μέλλοντας**	**abgeschlossenes Futur Συντελεσμένος μέλλοντας**	
θα συλλογίζομαι	θα συλλογιστώ	θα έχω	συλλογιστεί
θα συλλογίζεσαι	θα συλλογιστείς	θα έχεις	συλλογιστεί
θα συλλογίζεται	θα συλλογιστεί	θα έχει	συλλογιστεί
θα συλλογιζόμαστε	θα συλλογιστούμε	θα έχουμε	συλλογιστεί
θα συλλογίζεστε	θα συλλογιστείτε	θα έχετε	συλλογιστεί
θα συλλογίζονται	θα συλλογιστούν	θα έχουν	συλλογιστεί

IMPERATIV – ΠΡΟΣΤΑΚΤΙΚΗ

Präsens **Ενεστώτας**	Aorist **Αόριστος**
να συλλογιέσαι	συλλογί**σου**
να συλλογιέστε	συλλογι**στείτε**

PARTIZIP – ΜΕΤΟΧΗ

Präsens **Ενεστώτας**	Perfekt (Passiv) **Παρακείμενος**
–	συλλογι**σμένος**

συνδέω

verbinden

INDIKATIV – ΟΡΙΣΤΙΚΗ

Präsens Ενεστώτας	Aorist Αόριστος
συνδέω	σύνδεσα
συνδέεις	σύνδεσες
συνδέει	σύνδεσε
συνδέουμε	συνδέσαμε
συνδέετε	συνδέσατε
συνδέουν(ε)	σύνδεσαν/συνδέσανε

Perfekt
Παρακείμενος

έχω	συνδέσει
έχεις	συνδέσει
έχει	συνδέσει
έχουμε	συνδέσει
έχετε	συνδέσει
έχουν	συνδέσει

Imperfekt Παρατατικός	Plusquamperfekt Υπερσυντέλικος	
σύνδεα	είχα	συνδέσει
σύνδεες	είχες	συνδέσει
σύνδεε	είχε	συνδέσει
συνδέαμε	είχαμε	συνδέσει
συνδέατε	είχατε	συνδέσει
συνδέανε	είχαν	συνδέσει

KONJUNKTIV – ΥΠΟΤΑΚΤΙΚΗ

Präsens Ενεστώτας	Aorist Αόριστος
να συνδέω	να συνδέσω
να συνδέεις	να συνδέσεις
να συνδέει	να συνδέσει
να συνδέουμε	να συνδέσουμε
να συνδέετε	να συνδέσετε
να συνδέουν(ε)	να συνδέσουν(ε)

Perfekt Παρακείμενος		Wunschform Ευχετική
να έχω	συνδέσει	να σύνδεα
να έχεις	συνδέσει	να σύνδεες
να έχει	συνδέσει	να σύνδεε
να έχουμε	συνδέσει	να συνδέαμε
να έχετε	συνδέσει	να συνδέατε
να έχουν	συνδέσει	να συνδέανε

KONDITIONAL – ΥΠΟΘΕΤΙΚΗ

der Gegenwart του παρόντος	der Vergangenheit του παρελθόντος	
θα σύνδεα	θα είχα	συνδέσει
θα σύνδεες	θα είχες	συνδέσει
θα σύνδεε	θα είχε	συνδέσει
θα συνδέαμε	θα είχαμε	συνδέσει
θα συνδέατε	θα είχατε	συνδέσει
θα συνδέανε	θα είχαν	συνδέσει

Futur continuum Εξακολουθητικός μέλλοντας	einmaliges Futur Στιγμιαίος μέλλοντας	abgeschlossenes Futur Συντελεσμένος μέλλοντας	
θα συνδέω	θα συνδέσω	θα έχω	συνδέσει
θα συνδέεις	θα συνδέσεις	θα έχεις	συνδέσει
θα συνδέει	θα συνδέσει	θα έχει	συνδέσει
θα συνδέουμε	θα συνδέσουμε	θα έχουμε	συνδέσει
θα συνδέετε	θα συνδέσετε	θα έχετε	συνδέσει
θα συνδέουν(ε)	θα συνδέσουν	θα έχουν	συνδέσει

IMPERATIV – ΠΡΟΣΤΑΚΤΙΚΗ

Präsens Ενεστώτας	Aorist Αόριστος
σύνδε**ε**	σύνδε**σε**
συνδέε**τε**	συνδέ**στε**

PARTIZIP – ΜΕΤΟΧΗ

Präsens Ενεστώτας	Perfekt (Passiv) Παρακείμενος
συνδέοντας	συνδε**μένος**

σωπαίνω

schweigen

Unregelmäßiges Verb

INDIKATIV – ΟΡΙΣΤΙΚΗ

Präsens **Ενεστώτας**	Aorist **Αόριστος**
σωπαίνω	σώπασα
σωπαίνεις	σώπασες
σωπαίνει	σώπασε
σωπαίνουμε	σωπάσαμε
σωπαίνετε	σωπάσατε
σωπαίνουν(ε)	σώπασαν/σωπάσανε

Perfekt
Παρακείμενος

έχω	σωπάσει
έχεις	σωπάσει
έχει	σωπάσει
έχουμε	σωπάσει
έχετε	σωπάσει
έχουν	σωπάσει

Imperfekt **Παρατατικός**	Plusquamperfekt **Υπερσυντέλικος**	
σώπαινα	είχα	σωπάσει
σώπαινες	είχες	σωπάσει
σώπαινε	είχε	σωπάσει
σωπαίναμε	είχαμε	σωπάσει
σωπαίνατε	είχατε	σωπάσει
σώπαιναν/σωπαίνανε	είχαν	σωπάσει

KONJUNKTIV – ΥΠΟΤΑΚΤΙΚΗ

Präsens **Ενεστώτας**	Aorist **Αόριστος**
να σωπαίνω	να σωπάσω
να σωπαίνεις	να σωπάσεις
να σωπαίνει	να σωπάσει
να σωπαίνουμε	να σωπάσουμε
να σωπαίνετε	να σωπάσετε
να σωπαίνουν(ε)	να σωπάσουν(ε)

Perfekt **Παρακείμενος**		Wunschform **Ευχετική**
να έχω	σωπάσει	να σώπαινα
να έχεις	σωπάσει	να σώπαινες
να έχει	σωπάσει	να σώπαινε
να έχουμε	σωπάσει	να σωπαίναμε
να έχετε	σωπάσει	να σωπαίνατε
να έχουν	σωπάσει	να σώπαιναν/ σωπαίνανε

KONDITIONAL – ΥΠΟΘΕΤΙΚΗ

der Gegenwart **του παρόντος**	der Vergangenheit **του παρελθόντος**	
θα σώπαινα	θα είχα	σωπάσει
θα σώπαινες	θα είχες	σωπάσει
θα σώπαινε	θα είχε	σωπάσει
θα σωπαίναμε	θα είχαμε	σωπάσει
θα σωπαίνατε	θα είχατε	σωπάσει
θα σώπαιναν/ σωπαίνανε	θα είχαν	σωπάσει

Futur continuum **Εξακολουθητικός μέλλοντας**	einmaliges Futur **Στιγμιαίος μέλλοντας**	abgeschlossenes Futur **Συντελεσμένος μέλλοντας**	
θα σωπαίνω	θα σωπάσω	θα έχω	σωπάσει
θα σωπαίνεις	θα σωπάσεις	θα έχεις	σωπάσει
θα σωπαίνει	θα σωπάσει	θα έχει	σωπάσει
θα σωπαίνουμε	θα σωπάσουμε	θα έχουμε	σωπάσει
θα σωπαίνετε	θα σωπάσετε	θα έχετε	σωπάσει
θα σωπαίνουν(ε)	θα σωπάσουν(ε)	θα έχουν	σωπάσει

IMPERATIV – ΠΡΟΣΤΑΚΤΙΚΗ

Präsens **Ενεστώτας**	Aorist **Αόριστος**
σώπαινε	σώπα
σωπαίνετε	σωπάστε

PARTIZIP – ΜΕΤΟΧΗ

Präsens **Ενεστώτας**	Perfekt (Passiv) **Παρακείμενος**
σωπαίνοντας	σωπασμένος

τρώ(γ)ω

essen

Unregelmäßiges Verb
Vorsilbe: κατα-, κρυφο-, παρα-, πολυ-

INDIKATIV – ΟΡΙΣΤΙΚΗ

Präsens **Ενεστώτας**	Aorist **Αόριστος**
τρώω	έφαγα
τρως	έφαγες
τρώει	έφαγε
τρώμε	(ε)φάγαμε
τρώτε	(ε)φάγατε
τρων/τρώνε	έφαγαν/φάγανε

Perfekt **Παρακείμενος**	
έχω	φάει
έχεις	φάει
έχει	φάει
έχουμε	φάει
έχετε	φάει
έχουν	φάει

Imperfekt **Παρατατικός**	Plusquamperfekt **Υπερσυντέλικος**	
έτρωγα	είχα	φάει
έτρωγες	είχες	φάει
έτρωγε	είχε	φάει
(ε)τρώγαμε	είχαμε	φάει
(ε)τρώγατε	είχατε	φάει
έτρωγαν/τρώγανε	είχαν	φάει

KONJUNKTIV – ΥΠΟΤΑΚΤΙΚΗ

Präsens **Ενεστώτας**	Aorist **Αόριστος**
να τρώω	να φάω
να τρως	να φας
να τρώει	να φάει
να τρώμε	να φάμε
να τρώτε	να φάτε
να τρων/τρώνε	να φαν/φάνε

Perfekt **Παρακείμενος**		Wunschform **Ευχετική**
να έχω	φάει	να έτρωγα
να έχεις	φάει	να έτρωγες
να έχει	φάει	να έτρωγε
να έχουμε	φάει	να (ε)τρώγαμε
να έχετε	φάει	να (ε)τρώγατε
να έχουν	φάει	να έτρωγαν/τρώγανε

KONDITIONAL – ΥΠΟΘΕΤΙΚΗ

der Gegenwart **του παρόντος**	der Vergangenheit **του παρελθόντος**	
θα έτρωγα	θα είχα	φάει
θα έτρωγες	θα είχες	φάει
θα έτρωγε	θα είχε	φάει
θα (ε)τρώγαμε	θα είχαμε	φάει
θα (ε)τρώγατε	θα είχατε	φάει
θα έτρωγαν/τρώγανε	θα είχαν	φάει

Futur continuum **Εξακολουθητικός μέλλοντας**	einmaliges Futur **Στιγμιαίος μέλλοντας**	abgeschlossenes Futur **Συντελεσμένος μέλλοντας**	
θα τρώω	θα φάω	θα έχω	φάει
θα τρως	θα φας	θα έχεις	φάει
θα τρώει	θα φάει	θα έχει	φάει
θα τρώμε	θα φάμε	θα έχουμε	φάει
θα τρώτε	θα φάτε	θα έχετε	φάει
θα τρων/τρώνε	θα φαν/φάνε	θα έχουν	φάει

IMPERATIV – ΠΡΟΣΤΑΚΤΙΚΗ

Präsens **Ενεστώτας**	Aorist **Αόριστος**
τρώγε	φάε
τρώγετε	φάτε

PARTIZIP – ΜΕΤΟΧΗ

Präsens **Ενεστώτας**	Perfekt (Passiv) **Παρακείμενος**
τρώγοντας	φαγωμένος

τυχαίνω

zustoßen, zufällig geschehen, betroffen werden

Unregelmäßiges Verb
Vorsilbe: απο-, επι-

INDIKATIV – ΟΡΙΣΤΙΚΗ

Präsens **Ενεστώτας**	Aorist **Αόριστος**
τυχαίνω	έτυχα
τυχαίνεις	έτυχες
τυχαίνει	έτυχε
τυχαίνουμε	(ε)τύχαμε
τυχαίνετε	(ε)τύχατε
τυχαίνουν(ε)	έτυχαν/τύχανε

Perfekt
Παρακείμενος

έχω	τύχει
έχεις	τύχει
έχει	τύχει
έχουμε	τύχει
έχετε	τύχει
έχουν	τύχει

Imperfekt **Παρατατικός**	Plusquamperfekt **Υπερσυντέλικος**
τύχαινα	είχα τύχει
τύχαινες	είχες τύχει
τύχαινε	είχε τύχει
τυχαίναμε	είχαμε τύχει
τυχαίνατε	είχατε τύχει
τύχαιναν/τυχαίνανε	είχαν τύχει

KONJUNKTIV – ΥΠΟΤΑΚΤΙΚΗ

Präsens **Ενεστώτας**	Aorist **Αόριστος**
να τυχαίνω	να τύχω
να τυχαίνεις	να τύχεις
να τυχαίνει	να τύχει
να τυχαίνουμε	να τύχουμε
να τυχαίνετε	να τύχετε
να τυχαίνουν(ε)	να τύχουν(ε)

Perfekt **Παρακείμενος**	Wunschform **Ευχετική**
να έχω τύχει	να τύχαινα
να έχεις τύχει	να τύχαινες
να έχει τύχει	να τύχαινε
να έχουμε τύχει	να τυχαίναμε
να έχετε τύχει	να τυχαίνατε
να έχουν τύχει	να τύχαιναν/ τυχαίνανε

KONDITIONAL – ΥΠΟΘΕΤΙΚΗ

der Gegenwart **του παρόντος**	der Vergangenheit **του παρελθόντος**
θα τύχαινα	θα είχα τύχει
θα τύχαινες	θα είχες τύχει
θα τύχαινε	θα είχε τύχει
θα τυχαίναμε	θα είχαμε τύχει
θα τυχαίνατε	θα είχατε τύχει
θα τύχαιναν/ τυχαίνανε	θα είχαν τύχει

Futur continuum **Εξακολουθητικός μέλλοντας**	einmaliges Futur **Στιγμιαίος μέλλοντας**	abgeschlossenes Futur **Συντελεσμένος μέλλοντας**
θα τυχαίνω	θα τύχω	θα έχω τύχει
θα τυχαίνεις	θα τύχεις	θα έχεις τύχει
θα τυχαίνει	θα τύχει	θα έχει τύχει
θα τυχαίνουμε	θα τύχουμε	θα έχουμε τύχει
θα τυχαίνετε	θα τύχετε	θα έχετε τύχει
θα τυχαίνουν(ε)	θα τύχουν(ε)	θα έχουν τύχει

IMPERATIV – ΠΡΟΣΤΑΚΤΙΚΗ

Präsens **Ενεστώτας**	Aorist **Αόριστος**
τύχαινε	τύχε
τυχαίνετε	τύχετε

PARTIZIP – ΜΕΤΟΧΗ

Präsens **Ενεστώτας**	Perfekt (Passiv) **Παρακείμενος**
τυχαίνοντας	τυχημένος

υποδεικνύω

hinweisen, vorschlagen

Unregelmäßiges Verb

INDIKATIV – ΟΡΙΣΤΙΚΗ

Präsens **Ενεστώτας**	Aorist **Αόριστος**
υποδεικνύω	υπέδειξα
υποδεικνύεις	υπέδειξες
υποδεικνύει	υπέδειξε
υποδεικνύουμε	υποδείξαμε
υποδεικνύετε	υποδείξατε
υποδεικνύουν(ε)	υπέδειξαν/υποδείξανε

Perfekt Παρακείμενος

έχω	υποδείξει
έχεις	υποδείξει
έχει	υποδείξει
έχουμε	υποδείξει
έχετε	υποδείξει
έχουν	υποδείξει

Imperfekt Παρατατικός	**Plusquamperfekt Υπερσυντέλικος**
υπεδείκνυα	είχα υποδείξει
υπεδείκνυες	είχες υποδείξει
υπεδείκνυε	είχε υποδείξει
υποδεικνύαμε	είχαμε υποδείξει
υποδεικνύατε	είχατε υποδείξει
υπεδείκνυαν/ υποδεικνύανε	είχαν υποδείξει

Futur continuum Εξακολουθητικός μέλλοντας	**einmaliges Futur Στιγμιαίος μέλλοντας**	**abgeschlossenes Futur Συντελεσμένος μέλλοντας**
θα υποδεικνύω	θα υποδείξω	θα έχω υποδείξει
θα υποδεικνύεις	θα υποδείξεις	θα έχεις υποδείξει
θα υποδεικνύει	θα υποδείξει	θα έχει υποδείξει
θα υποδεικνύουμε	θα υποδείξουμε	θα έχουμε υποδείξει
θα υποδεικνύετε	θα υποδείξετε	θα έχετε υποδείξει
θα υποδεικνύουν(ε)	θα υποδείξουν	θα έχουν υποδείξει

KONJUNKTIV – ΥΠΟΤΑΚΤΙΚΗ

Präsens **Ενεστώτας**	Aorist **Αόριστος**
να υποδεικνύω	να υποδείξω
να υποδεικνύεις	να υποδείξεις
να υποδεικνύει	να υποδείξει
να υποδεικνύουμε	να υποδείξουμε
να υποδεικνύετε	να υποδείξετε
να υποδεικνύουν(ε)	να υποδείξουν

Perfekt Παρακείμενος	**Wunschform Ευχετική**
να έχω υποδείξει	να υπεδείκνυα
να έχεις υποδείξει	να υπεδείκνυες
να έχει υποδείξει	να υπεδείκνυε
να έχουμε υποδείξει	να υποδεικνύαμε
να έχετε υποδείξει	να υποδεικνύατε
να έχουν υποδείξει	να υπεδείκνυαν/ υποδεικνύανε

KONDITIONAL – ΥΠΟΘΕΤΙΚΗ

der Gegenwart του παρόντος	**der Vergangenheit του παρελθόντος**
θα υπεδείκνυα	θα είχα υποδείξει
θα υπεδείκνυες	θα είχες υποδείξει
θα υπεδείκνυε	θα είχε υποδείξει
θα υποδεικνύαμε	θα είχαμε υποδείξει
θα υποδεικνύατε	θα είχατε υποδείξει
θα υπεδείκνυαν/ υποδεικνύανε	θα είχαν υποδείξει

IMPERATIV – ΠΡΟΣΤΑΚΤΙΚΗ

Präsens **Ενεστώτας**	Aorist **Αόριστος**
υποδείκνυε	υπόδειξε
υποδεικνύετε	υποδείξ(ε)τε

PARTIZIP – ΜΕΤΟΧΗ

Präsens **Ενεστώτας**	Perfekt (Passiv) **Παρακείμενος**
υποδεικνύοντας	υπο(δε)δειγμένος

υφίσταμαι

aushalten, bestehen, sich unterziehen

Unregelmäßiges Verb

INDIKATIV – ΟΡΙΣΤΙΚΗ

Präsens Ενεστώτας	Aorist Αόριστος
υφίσταμαι	υπέστην
υφίστασαι	υπέστης
υφίσταται	υπέστη
υφιστάμεθα	υπέστημεν
υφίστασθε	υπέστητε
υφίστανται	υπέστησαν

Perfekt Παρακείμενος

έχω	υποστεί
έχεις	υποστεί
έχει	υποστεί
έχουμε	υποστεί
έχετε	υποστεί
έχουν	υποστεί

Imperfekt Παρατατικός	Plusquamperfekt Υπερσυντέλικος
–	είχα υποστεί
–	είχες υποστεί
–	είχε υποστεί
–	είχαμε υποστεί
–	είχατε υποστεί
–	είχαν υποστεί

KONJUNKTIV – ΥΠΟΤΑΚΤΙΚΗ

Präsens Ενεστώτας	Aorist Αόριστος
να υφίσταμαι	να υποστώ
να υφίστασαι	να υποστείς
να υφίσταται	να υποστεί
να υφιστάμεθα	να υποστούμε
να υφίστασθε	να υποστείτε
να υφίστανται	να υποστούν

Perfekt Παρακείμενος	Wunschform Ευχετική
να έχω υποστεί	–
να έχεις υποστεί	–
να έχει υποστεί	–
να έχουμε υποστεί	–
να έχετε υποστεί	–
να έχουν υποστεί	–

KONDITIONAL – ΥΠΟΘΕΤΙΚΗ

der Gegenwart του παρόντος	der Vergangenheit του παρελθόντος
–	θα είχα υποστεί
–	θα είχες υποστεί
–	θα είχε υποστεί
–	θα είχαμε υποστεί
–	θα είχατε υποστεί
–	θα είχαν υποστεί

Futur continuum Εξακολουθητικός μέλλοντας	einmaliges Futur Στιγμιαίος μέλλοντας	abgeschlossenes Futur Συντελεσμένος μέλλοντας
θα υφίσταμαι	θα υποστώ	θα έχω υποστεί
θα υφίστασαι	θα υποστείς	θα έχεις υποστεί
θα υφίσταται	θα υποστεί	θα έχει υποστεί
θα υφιστάμεθα	θα υποστούμε	θα έχουμε υποστεί
θα υφίστασθε	θα υποστείτε	θα έχετε υποστεί
θα υφίστανται	θα υποστούν	θα έχουν υποστεί

IMPERATIV – ΠΡΟΣΤΑΚΤΙΚΗ

Präsens Ενεστώτας	Aorist Αόριστος
–	–
–	–

PARTIZIP – ΜΕΤΟΧΗ

Präsens Ενεστώτας	Perfekt (Passiv) Παρακείμενος
υφιστάμενος	–

φεύγω

weggehen, abfahren

Unregelmäßiges Verb
Vorsilbe: από-, δια-, κατα-, προσ-, ξε-

INDIKATIV – ΟΡΙΣΤΙΚΗ

Präsens **Ενεστώτας**	Aorist **Αόριστος**
φεύγω	έφυγα
φεύγεις	έφυγες
φεύγει	έφυγε
φεύγουμε	φύγαμε
φεύγετε	φύγατε
φεύγουν(ε)	έφυγαν/φύγανε

Perfekt
Παρακείμενος

έχω	φύγει
έχεις	φύγει
έχει	φύγει
έχουμε	φύγει
έχετε	φύγει
έχουν	φύγει

Imperfekt Παρατατικός	**Plusquamperfekt Υπερσυντέλικος**	
έφευγα	είχα	φύγει
έφευγες	είχες	φύγει
έφευγε	είχε	φύγει
φεύγαμε	είχαμε	φύγει
φεύγατε	είχατε	φύγει
έφευγαν/φεύγανε	είχαν	φύγει

KONJUNKTIV – ΥΠΟΤΑΚΤΙΚΗ

Präsens **Ενεστώτας**	Aorist **Αόριστος**
να φεύγω	να φύγω
να φεύγεις	να φύγεις
να φεύγει	να φύγει
να φεύγουμε	να φύγουμε
να φεύγετε	να φύγετε
να φεύγουν(ε)	να φύγουν(ε)

Perfekt Παρακείμενος		**Wunschform Ευχετική**
να έχω	φύγει	να έφευγα
να έχεις	φύγει	να έφευγες
να έχει	φύγει	να έφευγε
να έχουμε	φύγει	να φεύγαμε
να έχετε	φύγει	να φεύγατε
να έχουν	φύγει	να έφευγαν/φεύγανε

KONDITIONAL – ΥΠΟΘΕΤΙΚΗ

der Gegenwart του παρόντος	**der Vergangenheit του παρελθόντος**	
θα έφευγα	θα είχα	φύγει
θα έφευγες	θα είχες	φύγει
θα έφευγε	θα είχε	φύγει
θα φεύγαμε	θα είχαμε	φύγει
θα φεύγατε	θα είχατε	φύγει
θα έφευγαν/φεύγανε	θα είχαν	φύγει

Futur continuum Εξακολουθητικός μέλλοντας	**einmaliges Futur Στιγμιαίος μέλλοντας**	**abgeschlossenes Futur Συντελεσμένος μέλλοντας**	
θα φεύγω	θα φύγω	θα έχω	φύγει
θα φεύγεις	θα φύγεις	θα έχεις	φύγει
θα φεύγει	θα φύγει	θα έχει	φύγει
θα φεύγουμε	θα φύγουμε	θα έχουμε	φύγει
θα φεύγετε	θα φύγετε	θα έχετε	φύγει
θα φεύγουν(ε)	θα φύγουν(ε)	θα έχουν	φύγει

IMPERATIV – ΠΡΟΣΤΑΚΤΙΚΗ

Präsens Ενεστώτας	**Aorist Αόριστος**
φεύγ**ε**	φύγε
φεύγ**ετε**	φύγετε

PARTIZIP – ΜΕΤΟΧΗ

Präsens Ενεστώτας	**Perfekt (Passiv) Παρακείμενος**
φεύγοντας	φευγάτος

φταίω

Schuld haben, einen Fehler begehen

Unregelmäßiges Verb

INDIKATIV – ΟΡΙΣΤΙΚΗ

Präsens **Ενεστώτας**	Aorist **Αόριστος**
φταίω	έφταιξα
φταις	έφταιξες
φταίει	έφταιξε
φταίμε	φταίξαμε
φταίτε	φταίξατε
φταιν/φταίνε	έφταιξαν/φταίξανε

Perfekt Παρακείμενος

έχω	φταίξει
έχεις	φταίξει
έχει	φταίξει
έχουμε	φταίξει
έχετε	φταίξει
έχουν	φταίξει

Imperfekt **Παρατατικός**	Plusquamperfekt **Υπερσυντέλικος**
έφταιγα	είχα φταίξει
έφταιγες	είχες φταίξει
έφταιγε	είχε φταίξει
φταίγαμε	είχαμε φταίξει
φταίγατε	είχατε φταίξει
έφταιγαν/φταίγανε	είχαν φταίξει

KONJUNKTIV – ΥΠΟΤΑΚΤΙΚΗ

Präsens **Ενεστώτας**	Aorist **Αόριστος**
να φταίω	να φταίξω
να φταις	να φταίξεις
να φταίει	να φταίξει
να φταίμε	να φταίξουμε
να φταίτε	να φταίξετε
να φταιν/φταίνε	να φταίξουν(ε)

Perfekt **Παρακείμενος**	Wunschform **Ευχετική**
να έχω φταίξει	να έφταιγα
να έχεις φταίξει	να έφταιγες
να έχει φταίξει	να έφταιγε
να έχουμε φταίξει	να φταίγαμε
να έχετε φταίξει	να φταίγατε
να έχουν φταίξει	να έφταιγαν/φταίγανε

KONDITIONAL – ΥΠΟΘΕΤΙΚΗ

der Gegenwart **του παρόντος**	der Vergangenheit **του παρελθόντος**
θα έφταιγα	θα είχα φταίξει
θα έφταιγες	θα είχες φταίξει
θα έφταιγε	θα είχε φταίξει
θα φταίγαμε	θα είχαμε φταίξει
θα φταίγατε	θα είχατε φταίξει
θα έφταιγαν/φταίγανε	θα είχαν φταίξει

Futur continuum **Εξακολουθητικός μέλλοντας**	einmaliges Futur **Στιγμιαίος μέλλοντας**	abgeschlossenes Futur **Συντελεσμένος μέλλοντας**
θα φταίω	θα φταίξω	θα έχω φταίξει
θα φταις	θα φταίξεις	θα έχεις φταίξει
θα φταίει	θα φταίξει	θα έχει φταίξει
θα φταίμε	θα φταίξουμε	θα έχουμε φταίξει
θα φταίτε	θα φταίξετε	θα έχετε φταίξει
θα φταιν/φταίνε	θα φταίξουν(ε)	θα έχουν φταίξει

IMPERATIV – ΠΡΟΣΤΑΚΤΙΚΗ

Präsens **Ενεστώτας**	Aorist **Αόριστος**
φταις	φταίξε
φταίτε	φταίξτε

PARTIZIP – ΜΕΤΟΧΗ

Präsens **Ενεστώτας**	Perfekt (Passiv) **Παρακείμενος**
–	–

ψέλνω/ψάλλω

(in der Kirche) singen

Unregelmäßiges Verb

INDIKATIV – ΟΡΙΣΤΙΚΗ

Präsens Ενεστώτας	Aorist Αόριστος
ψέλνω	έψαλα
ψέλνεις	έψαλες
ψέλνει	έψαλε
ψέλνουμε	(ε)ψάλαμε
ψέλνετε	(ε)ψάλατε
ψέλνουν(ε)	έψαλαν/ψάλανε

Perfekt Παρακείμενος	
έχω	ψάλει
έχεις	ψάλει
έχει	ψάλει
έχουμε	ψάλει
έχετε	ψάλει
έχουν	ψάλει

Imperfekt Παρατατικός	Plusquamperfekt Υπερσυντέλικος	
έψελνα	είχα	ψάλει
έψελνες	είχες	ψάλει
έψελνε	είχε	ψάλει
(ε)ψέλναμε	είχαμε	ψάλει
(ε)ψέλνατε	είχατε	ψάλει
έψελναν/ψέλνανε	είχαν	ψάλει

KONJUNKTIV – ΥΠΟΤΑΚΤΙΚΗ

Präsens Ενεστώτας	Aorist Αόριστος
να ψέλνω	να ψάλω
να ψέλνεις	να ψάλεις
να ψέλνει	να ψάλει
να ψέλνουμε	να ψάλουμε
να ψέλνετε	να ψάλετε
να ψέλνουν(ε)	να ψάλουν(ε)

Perfekt Παρακείμενος		Wunschform Ευχετική
να έχω	ψάλει	να έψελνα
να έχεις	ψάλει	να έψελνες
να έχει	ψάλει	να έψελνε
να έχουμε	ψάλει	να ψέλναμε
να έχετε	ψάλει	να ψέλνατε
να έχουν	ψάλει	να έψελναν/ψέλνανε

KONDITIONAL – ΥΠΟΘΕΤΙΚΗ

der Gegenwart του παρόντος	der Vergangenheit του παρελθόντος	
θα έψελνα	θα είχα	ψάλει
θα έψελνες	θα είχες	ψάλει
θα έψελνε	θα είχε	ψάλει
θα ψέλναμε	θα είχαμε	ψάλει
θα ψέλνατε	θα είχατε	ψάλει
θα έψελναν/ψέλνανε	θα είχαν	ψάλει

Futur continuum Εξακολουθητικός μέλλοντας	einmaliges Futur Στιγμιαίος μέλλοντας	abgeschlossenes Futur Συντελεσμένος μέλλοντας	
θα ψέλνω	θα ψάλω	θα έχω	ψάλει
θα ψέλνεις	θα ψάλεις	θα έχεις	ψάλει
θα ψέλνει	θα ψάλει	θα έχει	ψάλει
θα ψέλνουμε	θα ψάλουμε	θα έχουμε	ψάλει
θα ψέλνετε	θα ψάλετε	θα έχετε	ψάλει
θα ψέλνουν(ε)	θα ψάλουν(ε)	θα έχουν	ψάλει

IMPERATIV – ΠΡΟΣΤΑΚΤΙΚΗ

Präsens Ενεστώτας	Aorist Αόριστος
ψέλνε	ψάλε
ψέλνετε	ψάλετε

PARTIZIP – ΜΕΤΟΧΗ

Präsens Ενεστώτας	Perfekt (Passiv) Παρακείμενος
ψέλνοντας	ψαλμένος

Alphabetische Verbliste

In nachstehender Liste sind die wichtigsten regelmäßigen und unregelmäßigen Verben in alphabetischer Folge aufgeführt. Zusätzlich ist angegeben, wann ein Verb bei der Bildung des Imperfekts oder Aorists ein Augment benötigt. Solche Verben sind mit einem grünen Sternchen (*) markiert.
Die Zahlen verweisen auf die Konjugationsnummern der in diesem Buch beispielhaft konjugierten Verben. Diese Musterverben sind grün hervorgehoben.

Verwendete Abkürzungen
Ø = fehlt
◇ = Verb tritt als unpersönlicher Ausdruck meist in der 3. Pers. Singular auf.

Α

αγαπιέμαι	*(geliebt werden)*	3
αγαπώ	*(lieben)*	4
αγγίζω	*(berühren)*	12
αγκαλιάζω	*(umarmen)*	50
αγνοούμαι	*(vermisst werden)*	72
αγνοώ	*(ignorieren, nicht wissen)*	5
αγοράζω	*(kaufen)*	50
αγριεύω	*(böse werden, böse machen)*	31
αγρυπνώ	*(wachsam sein, wach bleiben)*	38
αγωνίζομαι	*(kämpfen)*	73
αδειάζω	*(leeren)*	50
αδιαφορώ	*(gleichgültig sein)*	5
αδικώ	*(jmdn. ungerecht behandeln)*	5
αθροίζω	*(addieren)*	50
αθωώνομαι	*(freigesprochen werden)*	15
αθωώνω	*(freisprechen)*	6
αισθάνομαι	*(empfinden, sich fühlen)*	15
ακολουθώ	*(folgen)*	38
ακονίζω	*(schärfen)*	50
ακούγομαι	*(erhört werden, gehört werden)*	66
ακουμπώ	*(stützen, sich anlehnen)*	4
ακούω	*(hören)*	7
ακριβαίνω	*(teurer werden, verteuern)*	19
ακτινοβολούμαι	*(bestrahlt werden)*	72
αλέθω	*(mahlen)*	50
αλείφω / αλείβω	*(schmieren, eincremen)*	8
αλλάζω	*(ändern, wechseln)*	12
αλληθωρίζω	*(schielen)*	50
αλληλοσυγκρούομαι	*(zusammenstoßen)*	6
αλληλοϋποστηρίζω	*(sich gegenseitig unterstützen)*	12
αλλοιώνομαι	*(verfallen, schlecht werden)*	15
αμαρταίνω / αμαρτάνω	*(sündigen)*	17
αμφιβάλλω*	*(zweifeln)*	9
αναβάλλω*	*(verschieben, vertagen)*	9
ανάβω	*(anzünden)*	8
αναγγέλλομαι	*(sich ankündigen, angekündigt werden)*	15
αναγγέλλω*, αναγγέλνω*	*(ankündigen, bekannt machen)*	9
αναγκάζομαι	*(gezwungen werden)*	66

αναγκάζω	*(nötigen, zwingen)*	50
αναγνωρίζομαι	*(erkannt, anerkannt werden)*	66
αναγνωρίζω	*(erkennen)*	50
αναδείχνω*/ αναδεικνύω*	*(aufzeigen, auszeichnen)*	78
αναδύομαι	*(auftauchen)*	15
αναζητώ	*(suchen, forschen, sich sehnen)*	38
αναζωογονούμαι	*(zu neuen Kräften kommen)*	72
αναζωογονώ	*(wiederbeleben, erquicken)*	5
ανακαινίζω	*(erneuern, renovieren)*	50
ανακαλύπτομαι	*(entdeckt werden)*	15
ανακαλύπτω	*(entdecken)*	8
ανακατεύομαι	*(sich einmischen)*	15
ανακατεύω / ανακατώνω	*(umrühren, mischen)*	31/6
αναμένεται ◇	*(es wird erwartet)*	
αναμένω*	*(warten, abwarten)*	49
αναμετρώ	*(erwägen, abmessen)*	4
αναπαράγω	*(reproduzieren)*	34
αναπαύω*	*(ausruhen)*	60
αναπληρώνω	*(ersetzen)*	6
αναπνέω	*(atmen)*	69
αναπτύσσομαι	*(sich entwickeln)*	15
αναπτύσσω*	*(entwickeln)*	12
αναρρώνω*	*(genesen)*	6
αναρωτιέμαι	*(sich fragen)*	3
ανασαίνω	*(atmen)*	10
ανασταίνομαι	*(auferstehen)*	15
ανασταίνω	*(jmdn./etw. zum Leben erwecken)*	17
ανατέλλω*	*(aufgehen, erscheinen)*	9
ανατριχιάζω	*(Gänsehaut bekommen)*	50
αναφέρομαι	*(sich beziehen, erwähnt werden)*	15
αναφέρω*	*(erwähnen, melden)*	42
αναχωρώ *(για)*	*(abfahren, abreisen)*	5
ανεβάζω	*(hinauftragen, -bringen, erhöhen)*	50
ανεβαίνω	*(steigen, hinaufsteigen)*	11
ανεβοκατεβάζω	*(hinauf- und hinuntertragen)*	50
ανεβοκατεβαίνω	*(hinauf- und hinuntersteigen)*	11
ανήκω *(σε)* Ø Aorist	*(jmdm. gehören, dazugehören)*	45
ανησυχώ	*(sich beunruhigen, sorgen)*	5
ανθίζω	*(blühen)*	50
ανιχνεύω	*(aufspüren, untersuchen)*	14
ανοίγω	*(öffnen, aufmachen)*	12
ανταγωνίζομαι	*(wetteifern)*	73
ανταλλάζω / ανταλλάσσω	*(austauschen, umtauschen)*	12
ανταμώνω	*(treffen, sich treffen)*	6
ανταποδίδω	*(erwidern)*	30
ανταποκρίνομαι	*(entsprechen, erwidern)*	15
αντέχεται ◇	*(auszuhalten, erträglich sein)*	
αντέχω	*(aushalten)*	12
αντιγράφω*	*(abschreiben)*	8
αντιδρώ*	*(reagieren, sich widersetzen)*	61
αντικαθιστώ*	*(ersetzen)*	13
αντικρίζω	*(ansehen)*	50

αντικρούω*	*(abschlagen, zurückweisen, widerlegen)*	7
αντιπαθώ	*(unsympathisch finden)*	5
αντιστέκομαι	*(Widerstand leisten, widerstehen)*	15
αντλώ	*(schöpfen, pumpen)*	5
ανυπομονώ *(να)* Ø Aorist	*(ungeduldig sein)*	5
αξίζει ◇	*(es ist wert, es lohnt sich)*	
απαγγέλλω* / απαγγέλνω*	*(laut vortragen, aufsagen)*	9
απαγορεύεται ◇	*(es ist verboten)*	
απαγορεύω	*(verbieten)*	14
απάγω	*(entführen)*	34
απαιτώ	*(verlangen, fordern)*	5
απαλλάσσομαι	*(freigesprochen werden)*	15
απαλλάσσω	*(freisprechen, befreien)*	12
απαντώ	*(antworten)*	4
απασχολώ	*(beschäftigen)*	5
απατώ	*(betrügen)*	4
απατώμαι	*(sich irren, betrogen werden)*	32
απεικονίζω	*(darstellen)*	50
απειλώ	*(drohen, bedrohen)*	5
απελευθερώνομαι	*(sich befreien)*	15
απελπίζομαι	*(Hoffnung verlieren, verzweifeln)*	73
απευθύνομαι	*(sich an jmdn. wenden)*	15
απεχθάνομαι	*(verabscheuen)*	15
απέχω *(να/θα)* Ø Aorist	*(entfernt sein, sich enthalten)*	2
απλοποιώ	*(vereinfachen)*	5
απλώνομαι	*(sich ausbreiten)*	15
απλώνω	*(ausbreiten, (Wäsche) aufhängen)*	6
αποβάλλω*	*(abwerfen, verbannen, abschütteln)*	9
αποβιβάζομαι	*(aussteigen, absteigen)*	66
απογειώνομαι	*(abheben)*	15
απογοητεύομαι	*(enttäuscht werden, Vertrauen verlieren)*	15
απογοητεύω	*(enttäuschen)*	14
αποδεικνύομαι	*(sich erweisen als)*	15
αποδεικνύω* / αποδείχνω*	*(beweisen)*	78
αποδίδω*	*(Bedeutung zumessen)*	30
αποζημιώνομαι	*(entschädigt werden)*	15
αποζημιώνω	*(entschädigen)*	6
αποθαρρύνω	*(jmdn. entmutigen)*	45
αποθέτω*	*(ablegen)*	50
αποθηκεύω	*(lagern, speichern)*	14
αποκλείομαι	*(ausgeschlossen werden)*	73
αποκλείω*	*(jmdn. ausschließen)*	35
αποκρούω*	*(abwehren, zurückweisen)*	7
αποκτώ*	*(erwerben)*	4
απολαμβάνω	*(genießen)*	41
απολογούμαι	*(sich verteidigen)*	72
απολυμαίνω	*(desinfizieren)*	10
απολύω	*(entlassen)*	35
απομακρύνομαι	*(sich entfernen)*	15
απομακρύνω	*(entfernen)*	45
απομονώνομαι	*(sich zurückziehen, isolieren)*	15
απονέμω*	*(verleihen)*	49

Β

βιάζομαι	(es eilig haben, sich beeilen)	66
βιάζω	(zwingen, vergewaltigen)	50
βλάπτω*	(beschädigen, übel bekommen)	8
βλαστ(φ)ημώ	(verfluchen)	5
βλέπω	(sehen)	22
βοηθώ	(helfen)	4
βουλιάζω	(untertauchen, untergehen, versenken)	12
βουλώνω	(zustopfen)	6
βουτώ	((ein)tauchen)	70
βραδιάζει ◇	(es wird Abend)	
βρέχομαι	(nass werden)	51
βρέχω* ◇	(nass machen, regnen)	12
βρίζω*	(schimpfen, beschimpfen)	50
βρίσκομαι	(sich befinden)	51
βρίσκω	(finden)	23
βρομίζω	(beschmutzen)	50
βροντώ ◇	(donnern, hart klopfen)	70
βρομώ	(stinken)	4
βυζαίνω	(saugen, stillen)	24

Γ

γδέρνω*	(häuten, aufkratzen)	25
γδύνομαι	(sich ausziehen)	15
γελιέμαι	(sich irren)	26
γελώ	(lachen)	61
γεμίζω	(füllen, voll machen)	50
γεννιέμαι	(geboren werden)	3
γεννώ	(gebären)	4
γερνώ	(älter werden)	61
γέρνω*	(neigen, anlehnen, sich hinlegen)	27
γηροκομώ	(jmdn. im Alter pflegen)	5
γιατρεύομαι	(verarztet werden)	15
γιατρεύω	(verarzten)	31
γίνομαι *	(stattfinden, werden, geschehen)	51
γιορτάζω	(feiern, Namenstag haben)	50
γκρεμίζω	(niederreißen)	50
γκριζάρω	(ergrauen)	59
γκρινιάζω	(nörgeln)	50/12
γλείφω*	(abschlecken, lecken)	8
γλεντώ	(feiern, sich amüsieren)	4
γλιστρώ	(ausrutschen)	4
γλυκαίνω	(süßen)	10
γλυκοχαράζει ◇	(es tagt (mit besonders schönem Sonnenaufgang))	
γλυτώνω	(retten)	6
γνωρίζω	(kennen lernen, kennen)	50
γονατίζω	(niederknien)	50
γουστάρω	(mögen)	59
γράφω*	(schreiben)	8
γυαλίζω	(glänzen)	50
γυμνάζομαι	(Sport treiben)	66
γυμνώνω	(entblößen)	6

γυρεύω	*(suchen, bitten)*	31
γυρίζω	*(umdrehen, zurückkehren, drehen)*	28

Δ

δαγκώνω	*(beißen)*	6
δακρύζω	*(weinen)*	50
δανείζω	*(leihen, borgen)*	50
δανειοδοτώ	*(Kredit gewähren)*	5
δειλιάζω	*(zögern, sich etw. nicht trauen)*	50
δείχνω*	*(zeigen)*	12
δένομαι	*(sich binden)*	15
δένω*	*(binden)*	44
δέρνω*	*(schlagen, hauen)*	27
δέχομαι	*(empfangen, annehmen)*	15
δηλώνω	*(klarstellen)*	6
δημιουργούμαι	*(es zu etw. bringen)*	72
δημιουργώ	*(schöpfen, erschaffen)*	5
δημοσιεύω	*(veröffentlichen)*	14
διαβάζω	*(lesen, lernen)*	50
διαβαίνω	*(passieren, durchgehen)*	11
διαγράφω*	*(durchstreichen)*	8
διαδίδω*	*(unterbreiten, verbreiten)*	30
διαθέτω*	*(etw. zur Verfügung stellen, über etw. verfügen)*	50
διαιρούμαι	*(sich teilen, geteilt werden)*	72
διαιρώ*	*(teilen, einteilen, dividieren)*	57
διαισθάνομαι	*(ahnen)*	15
διακόπτω*	*(unterbrechen)*	8
διακρίνομαι	*(ausgezeichnet werden, sich hervortun)*	15
διαλαλώ	*(etw. verkünden, ausrufen)*	5
διαλέγω	*(aussuchen, auswählen)*	12
διαμαρτύρομαι	*(protestieren)*	15
διαμορφώνω	*(formen, gestalten)*	6
διανοούμαι	*(sich Gedanken machen, sich etw. vorstellen)*	72
διανυκτερεύω	*(übernachten, Nachtdienst haben)*	14
διαπιστώνω	*(feststellen)*	6
διαπρέπω*	*(Erfolg haben)*	8
διαρκεί ◇	*(es dauert)*	
διαρρηγνύω*	*(aufbrechen, einbrechen)*	29
διασκεδάζω	*(amüsieren)*	50
διαστρέφω*	*(verdrehen)*	8
διασχίζω*	*(überqueren)*	50
διαταράσσω / διαταράζω	*(Unruhe stiften)*	12
διατάσσω / διατάζω	*(befehlen)*	12
διατηρούμαι	*(konserviert werden, sich erhalten)*	72
διατρέφω*	*(finanziell unterstützen, unterhalten)*	8
διατρέχω*	*(durchziehen, durchlaufen)*	12
διατυπώνω	*(formulieren, darstellen, ausdrücken)*	6
διαφέρω*	*(sich unterscheiden)*	42
διαφημίζω	*(werben)*	50

Ε

εκφράζομαι	*(sich ausdrücken)*	66
εκφράζω*	*(ausdrücken)*	50
ελαττώνω	*(mindern)*	6
ελέγχω*	*(kontrollieren, prüfen)*	12
ελευθερώνομαι	*(sich befreien, befreit werden)*	15
ελευθερώνω	*(jmdn. befreien)*	6
ελπίζω*	*(hoffen)*	50
εμπνέομαι	*(inspiriert werden)*	66
εμπνέω*	*(inspirieren)*	69
εμποδίζω	*(verhindern, stören)*	50
εμφανίζομαι	*(erscheinen)*	73
ενδιαφέρομαι	*(sich interessieren)*	15
ενδιαφέρω*	*(interessieren)*	42
ενεργοποιώ	*(in Betrieb setzen)*	5
ενεργώ*	*(aktiv sein, aktiv werden)*	5
ενημερώνομαι	*(sich informieren)*	15
ενισχύω	*(verstärken)*	35
εννοώ	*(meinen)*	5
ενοικιάζεται ◇	*(zu vermieten)*	
ενοικιάζω	*(mieten, vermieten)*	50
ενοχλώ	*(stören)*	5
ενώνομαι	*(sich verbinden)*	15
ενώνω*	*(binden, vereinigen)*	6
εξαγριώνομαι	*(wütend werden)*	15
εξαγρυώνω	*(erzürnen)*	6
εξάγω*	*(exportieren, ausführen)*	34
εξαιρούμαι	*(ausgeschlossen werden)*	72
εξαιρώ	*(ausschließen, eine Ausnahme machen)*	57
εξακολουθώ	*(folgen, weitermachen)*	5
εξακριβώνω	*(feststellen, nachprüfen)*	6
εξαντλώ*	*(aufbrauchen, erschöpfen)*	5
εξαπατώ	*(täuschen, betrügen)*	4
εξαρτώμαι ◇	*(abhängig sein)*	32
εξασκώ	*(ausüben)*	5
εξασφαλίζω	*(absichern)*	50
εξαφανίζομαι	*(verschwinden)*	73
εξελίσσομαι	*(sich entwickeln)*	15
εξετάζω	*(prüfen, untersuchen)*	50
εξηγούμαι	*(sich erklären)*	72
εξηγώ	*(erklären)*	5
εξουσιοδοτώ	*(bevollmächtigen, autorisieren)*	5
εξοφλώ	*(begleichen)*	5
εξυμνώ	*(lobpreisen)*	5
εξυπηρετώ	*(behilflich sein, jmdm. einen Dienst erweisen)*	5
εορτάζω	*(feiern)*	50
επαγγέλλομαι	*(Beruf ausüben)*	15
επαινούμαι	*(gelobt werden)*	15
επαινώ	*(loben)*	57
επαναλαμβάνομαι	*(sich wiederholen)*	15
επαναλαμβάνω*	*(wiederholen)*	41
επενδύω	*(investieren)*	35
επηρεάζω	*(beeinflussen)*	50

επιβάλλεται ◊	*(es ist nötig, es muss)*	
επιβάλλομαι	*(sich durchsetzen)*	15
επιβάλλω*	*(zu etw. zwingen, etw. durchsetzen)*	9
επιβαρύνω	*(jmdm. zur Last fallen)*	45
επιβιώνω	*(überleben)*	6
επιβλέπω*	*(beaufsichtigen)*	8
επιδεικνύω*	*(angeben)*	78
επιδεινώνεται ◊	*(es verschlechtert sich)*	
επιδεινώνω	*(verschlechtern, verschärfen)*	6
επιδιορθώνω	*(reparieren)*	6
επιζητώ	*(zu erreichen suchen, sich bemühen)*	38
επιθυμώ	*(wünschen)*	5
επικαλούμαι	*(sich berufen auf)*	71
επικεντρώνω	*(fokussieren, auf etw. konzentrieren)*	6
επικηρώνω	*(bestätigen)*	6
επικοινωνώ	*(in Verbindung setzen/stellen, kommunizieren)*	5
επικρατώ	*(herrschen)*	5
επιλέγω	*(auswählen)*	12
επιμένω*	*(beharren)*	49
επιπλώνω	*(möblieren)*	6
επισημαίνω	*(auf etw. hinweisen)*	10
επισκευάζω	*(reparieren)*	50
επισκέφτομαι	*(besuchen)*	15
επιστρέφω*	*(zurückkehren, zurücksenden)*	8
επιταχύνω	*(schneller werden, beschleunigen)*	45
επιτρέπεται ◊	*(es ist erlaubt)*	
επιτρέπω	*(erlauben)*	8
επιτυχαίνω / επιτυγχάνω	*(erreichen, Erfolg haben)*	77
επιφέρω*	*(verursachen, vorbringen, anbringen)*	42
επιχειρώ	*(versuchen)*	5
εργάζομαι	*(arbeiten)*	66
ερεθίζω	*(reizen)*	50
έρχομαι	*(kommen)*	36
ερωτεύομαι	*(sich verlieben)*	15
ετοιμάζομαι	*(sich fertig machen, sich vorbereiten auf)*	66
ετοιμάζω	*(bereiten, herstellen, vorbereiten)*	50
ευκολύνω	*(leichter machen, erleichtern)*	45
ευλογώ	*(segnen)*	5
ευχαριστώ	*(danken)*	5
εύχομαι	*(wünschen, jmdm. etw. wünschen)*	15
εφαρμόζω*	*(anwenden, anpassen)*	50
εφευρίσκω*	*(erfinden)*	37
έχω	*(haben)*	2

Ζ

ζαλίζομαι	*(schwindlig werden)*	73
ζαλίζω	*(schwindlig machen, verwirren)*	50
ζαρώνω	*(zerknittern)*	6
ζαχαρώνω	*(zuckern)*	6
ζεματίζω	*(brühen, verbrühen)*	50
ζεσταίνομαι	*(warm werden, sich erwärmen)*	15
ζεσταίνω	*(erwärmen, wärmen)*	10

ζηλεύω	*(beneiden, eifersüchtig sein)*	31
ζημιώνω	*(schädigen)*	6
ζητιανεύω	*(betteln)*	31
ζητώ	*(suchen, bitten, verlangen)*	38
ζουρλαίνω	*(verrückt machen)*	10
ζυγίζω	*(wiegen, abwägen)*	50
ζυγώνω	*(jmdm. näher kommen, annähern)*	6
ζυμώνω	*(kneten)*	6
ζω*	*(leben, erleben)*	5
ζωγραφίζω	*(malen)*	50
ζωντανεύω	*(lebendig werden, wiederbeleben)*	31

Η

ηγεμονεύω	*(regieren, herrschen)*	14
ηθικολογώ	*(moralisieren)*	5
ηλεκτρίζω	*(elektrisieren)*	50
ημερεύω	*(jmdn. besänftigen, zähmen)*	31
ηρεμώ	*(sich/jmdn. beruhigen)*	5
ησκιώνω	*(Schatten werfen)*	6
ησυχάζω	*(beruhigen)*	50
ηττώμαι	*(besiegt werden)*	32
ηχώ	*(ertönen, widerhallen)*	5

Θ

θάβω*	*(graben, begraben)*	8
θαμπώνω	*(blenden)*	6
θανατώνω	*(töten)*	6
θαρρεύω	*(ermutigen, Mut fassen)*	31
θαυμάζω	*(wundern, bewundern)*	50
θέλω*	*(wollen, mögen)*	39
θεραπεύω	*(heilen, gesund pflegen)*	14
θεριεύω	*(erstarken)*	31
θέτω*	*(legen, setzen, stellen)*	50
θεωρώ	*(halten für)*	5
θλίβομαι	*(traurig werden, sein)*	15
θλίβω*	*(jmdn. traurig machen)*	8
θορυβώ	*(Lärm machen, jmdn. beunruhigen)*	5
θρηνώ	*(beweinen, beklagen)*	5
θυμάμαι / θυμούμαι	*(sich erinnern)*	46
θυμώνω	*(sich aufregen, ärgern, zornig werden)*	6
θυσιάζω	*(etw. opfern)*	50
θωρώ	*(betrachten, schauen)*	38

Ι

ιδανικεύω	*(idealisieren)*	31
ιδρύω	*(aufbauen, gründen)*	35
ιδρώνω	*(schwitzen)*	6
ικανοποιούμαι	*(sich zufrieden stellen)*	72
ικανοποιώ	*(zufrieden stellen, befriedigen)*	5
ικετεύω	*(flehen, anflehen)*	31
ιππεύω	*(reiten)*	14
ισοζυγίζω	*(ausbalancieren, ausgleichen)*	50

ισοπεδώνω	*(einebnen, nivellieren)*	6
ισορροπώ	*(Gleichgewicht halten)*	5
ισχυρίζομαι	*(behaupten)*	73
ισχύω	*(gültig sein, Einfluss haben)*	35
ιχνογραφώ	*(skizzieren, zeichnen)*	5

K

καθαρίζω	*(reinigen, putzen)*	50
καθησυχάζω	*(beruhigen)*	50
καθιερώνω	*(festsetzen, einführen)*	6
καθίζω	*(setzen)*	50
καθοδηγώ	*(führen, anweisen)*	5
κάθομαι	*(sitzen, sich setzen)*	51/50
καθυστερώ	*(jmdn. hindern, sich verspäten)*	5
καίγομαι	*(sich verbrennen)*	51
καίω*	*(brennen, verbrennen)*	40
καλλιεργούμαι	*(sich bilden)*	72
καλλιεργώ	*(kultivieren, anbauen)*	5
καλοκαιριάζει ◇	*(es wird Sommer)*	
καλοταΐζω	*(jmdm. reichlich und gut Essen geben)*	50
καλοσυνεύει	*(das Wetter wird schön)*	
καλύπτομαι	*(verdecken, zudecken)*	15
καλύπτω	*(decken, zudecken)*	8
καλυτερεύω	*(besser werden)*	31
καλώ	*(einladen, rufen)*	57
καμαρώνω	*(jmdn. stolz betrachten, stolz sein)*	6
κανονίζω	*(ausmachen, regeln)*	50
κάνω*	*(tun, machen)*	45
καπνίζω	*(rauchen)*	50
καρτερώ Ø Aorist	*(sehnsüchtig warten, ausharren)*	5
καρφώνω	*(nageln, jmdn. verraten)*	6
καταγγέλλω* / καταγγέλνω*	*(anzeigen, anklagen)*	9
καταγίνομαι	*(sich einer Sache mit Eifer widmen)*	51
κατάγομαι* Ø Aorist	*(abstammen)*	33
καταγράφω*	*(registrieren)*	8
καταθέτω	*(aussagen, (Waffen) niederlegen)*	50
κατακτώ	*(erobern)*	5
καταλαβαίνω	*(verstehen)*	41
καταλήγω*	*(darauf hinauslaufen, enden)*	12
καταναλώνω	*(verbrauchen)*	6
κατανοώ	*(verstehen, begreifen)*	5
καταντώ	*(geraten)*	4
καταπιέζω	*(unterdrücken)*	50
καταπίνω	*(schlucken)*	67
καταργώ	*(abschaffen)*	5
καταριέμαι	*(verfluchen)*	26
κατασκευάζω	*(konstruieren, bauen)*	50
κατασκηνώνω	*(zelten)*	6
καταστρέφομαι	*(sich zerstören, zerstört werden)*	15
καταστρέφω	*(zerstören, vernichten)*	8
κατατάσσω	*(einordnen)*	12
καταφέρνω	*(erreichen)*	42

καταχρώμαι	*(ausnutzen, missbrauchen)*	43
κατεβάζω	*(hinabsetzen, herunterholen)*	50
κατεβαίνω	*(absteigen, heruntersteigen)*	11
κατευθύνομαι	*(in eine bestimmte Richtung gehen)*	15
κατευθύνω	*(leiten)*	45
κατέχω	*(besitzen, besetzen)*	2
κατηγορώ	*(vorwerfen, anklagen)*	5
κατοικώ	*(wohnen)*	5
κατορθώνω	*(erreichen)*	6
καυχιέμαι / καυχώμαι	*(angeben)*	3
κελαηδώ	*(zwitschern)*	4
κεντώ	*(sticken)*	4
κερδίζω	*(gewinnen)*	50
κερνώ	*(anbieten, spendieren, jmdn. zu etw. einladen)*	61
κηρύττω	*(vortragen, predigen, Krieg erklären)*	12
κινδυνεύω	*(in Gefahr sein, gefährden)*	31/14
κινώ	*(bewegen)*	38
κλαίγομαι	*(beweint werden, jammern)*	51
κλαίω*	*(weinen)*	40
κλέβω*	*(stehlen)*	8
κλειδώνω	*(einsperren, abschließen)*	6
κλείνομαι	*(sich verschließen, einschließen)*	66
κλείνω*	*(schließen, zumachen, reservieren)*	44
κληρονομώ	*(erben)*	5
κληρώνομαι	*(ausgelost werden)*	15
κληρώνω	*(auslosen, verlosen)*	6
κλίνω*	*(konjugieren)*	45
κλονίζω	*(erschüttern)*	50
κλώθω*	*(brüten)*	50
κόβω*	*(schneiden, Tickets ausstellen)*	8
κοιμάμαι / κοιμούμαι	*(schlafen)*	46
κοινοποιώ	*(bekannt machen, anzeigen)*	5
κοιτάζω	*(schauen, betrachten)*	12
κοκκινίζω	*(erröten)*	50
κολλώ	*(kleben)*	4
κολυμπώ	*(schwimmen)*	4
κονταίνω	*(kleiner werden, kürzer machen)*	19
κοντεύω	*(heranrücken, bald mit etw. fertig sein)*	31
κοπιάζω	*(sich bemühen)*	50
κορνάρω	*(hupen)*	59
κοροϊδεύω	*(verspotten)*	31
κοστίζω	*(kosten)*	50
κουβαλώ	*(transportieren, tragen)*	4
κουβεντιάζω	*(sich unterhalten)*	50
κουνιέμαι	*(sich bewegen, wackeln)*	3
κουνώ	*(schaukeln, bewegen)*	4
κουράζομαι	*(sich anstrengen, müde werden)*	73
κουράζω	*(ermüden)*	50
κουρελιάζω	*(zerfetzen)*	50
κουρεύομαι	*(sich die Haare schneiden lassen)*	15
κουρντίζω	*(aufziehen, aufdrehen)*	50
κουτσαίνω	*(hinken)*	10

κουτσομπολεύω	*(tratschen, plaudern)*	31
κράζω*	*(krächzen, jmdn. anschnauzen)*	12
κρατιέμαι	*(sich festhalten, zurückhalten)*	3
κρατώ	*(halten, festhalten)*	38
κραυγάζω	*(sich laut beklagen, schreien, rufen)*	50
κρέμομαι	*(hängen)*	66
κρεμώ	*(hängen, aufhängen)*	61
κρίνω*	*(beurteilen)*	45
κριτικάρω	*(kritisieren)*	59
κρούω*	*(schlagen, klopfen)*	7
κρύβομαι	*(sich verstecken)*	15
κρύβω*	*(verstecken)*	8
κρυφακούω	*(lauschen)*	7
κρυώνω	*(frieren)*	6
κτίζω* / χτίζω*	*(bauen)*	50
κτυπώ / χτυπώ	*(klopfen, schlagen)*	4
κυβερνώ	*(regieren)*	4
κυκλοφορώ	*(umherlaufen, im Umlauf sein)*	5
κυλιέμαι	*(sich wälzen)*	26
κυλώ	*(wälzen, rollen, fließen)*	4
κυμαίνεται ◇	*(es schwankt)*	
κυνηγώ	*(jagen)*	4
κυριαρχώ	*(herrschen)*	5
κυριεύω	*(einnehmen, erobern)*	31/14

Λ

λαβαίνω	*(erhalten, bekommen)*	41
λάμπω*	*(leuchten, strahlen)*	8
λασπώνω	*(beschmutzen)*	6
λατρεύω	*(anbeten, verehren)*	31
λαχανιάζω	*(keuchen, hecheln)*	50
λαχταρώ	*(sich sehnen)*	5
λέ(γ)ω*	*(sagen)*	47
λέγομαι	*(heißen)*	51
λείπω*	*(abwesend sein, fehlen)*	8
λειτουργούμαι	*((in die Kirche) gehen, (Messe) verfolgen)*	72
λειτουργώ ◇	*(funktionieren, Messe lesen)*	5
λειώνω*	*(schmelzen)*	6
λεκιάζω	*(beflecken)*	50
λεπταίνω	*(dünner werden)*	19
λερώνομαι	*(sich beschmutzen)*	15
λερώνω	*(schmutzig machen)*	6
λήγω*	*(beenden, etw. zu Ende führen, ablaufen)*	12
λησμονιέμαι	*(sich vergessen, vergessen werden)*	3
λησμονώ	*(vergessen)*	5
ληστεύω	*(berauben)*	31
λιάζομαι	*(sich sonnen)*	66
λιγοστεύω	*(weniger werden, verringern)*	31
λιθοβολώ	*(mit Steinen werfen)*	5
λιμνάζω	*(stagnieren)*	50
λογαριάζω	*(rechnen, berechnen, mit etw. rechnen)*	50
λούζομαι	*(Haare waschen)*	66

M

μεταφράζω*	(übersetzen, dolmetschen)	50
μεταχειρίζομαι	(benutzen)	73
μετριάζω	(dämpfen, mäßigen)	50
μετριέμαι	(sich messen, vergleichen)	3
μετρώ*	(messen, zählen)	4
μικραίνω	(kleiner werden, kürzer machen)	19
μιλώ	(sprechen, reden)	4
μιμούμαι	(nachahmen)	72
μισώ	(hassen)	5
μοιάζω* ◇	(ähneln)	50
μοιράζομαι	(sich etw. teilen)	66
μοιράζω	(teilen, austeilen)	50
μολύνομαι	(infiziert, verunreinigt, angesteckt werden)	15
μολύνω Ø Aorist	(verpesten, jmdn. anstecken, infizieren)	19
μονοιάζω	(sich vertragen, versöhnen)	50
μονολογώ Ø Aorist	(Selbstgespräche führen)	5
μοσχοβολώ	(riechen, duften)	4
μουντζώνω	(eine bestimmte griech. Schimpfgeste machen)	6
μουρμουρίζω	(murmeln)	50
μουσκεύω	(einweichen, nass machen)	31
μοχθώ	(anstrengen)	5
μπάζω*	(einführen, hineintun)	50
μπαίνω*	(hineingehen, -kommen)	21
μπαλώνω	(flicken)	6
μπερδεύω	(durcheinanderbringen, verwechseln)	31
μπλέκω*	(sich verstricken)	12
μπορώ	(können)	57
μπουμπουνίζει ◇	(es donnert)	
μπουρδουκλώνω	(stolpern)	6
μυρίζω	(riechen, duften)	50

N

ναρκώνω	(betäuben)	6
ναυαγώ	(Schiffbruch erleiden)	5
ναυλώνω	(chartern, befrachten)	6
νευριάζω	(sich aufregen)	50
νικιέμαι	(besiegt werden)	3
νικώ	(gewinnen, besiegen)	4
νιώθω* / νοιώθω*	(fühlen)	50
νοιάζει (δεν με) ◇	(es kümmert mich nicht, es interessiert mich nicht)	
νοιάζομαι	(sich um etwas kümmern, sich sorgen)	66
νοικιάζω	(mieten, vermieten)	50
νομίζω	(denken, meinen, glauben)	50
νομοθετώ	(Gesetze erlassen)	5
νοσηλεύω	(pflegen, gesund pflegen)	31
νοσταλγώ	(vermissen, Sehnsucht empfinden)	5
νοστιμεύω	(abschmecken, würzen)	31
ντουφεκίζω	(schießen, erschießen)	50
ντρέπομαι	(sich schämen)	51
ντύνομαι	(sich anziehen)	15
ντύνω*	(anziehen)	44
νυστάζω	(müde sein, schläfrig sein)	12

νυχτώνει ◇	*(es wird Nacht)*	

Ξ

ξαγρυπνώ	*(wach bleiben, durchwachen)*	4
ξαλαφρώνω	*(leichter werden, entlasten)*	6
ξαναβλέπω	*(wieder sehen)*	22
ξαναβρίσκω	*(wieder finden)*	23
ξαναγυρίζω	*(wiederkehren)*	50
ξαναδοκιμάζω	*(wieder probieren)*	50
ξαναεπαναφέρνω	*(wiederbringen, wiederherstellen)*	42
ξαναζωντανεύω	*(wiederbeleben, wieder zu Kräften kommen)*	31
ξαναλέω	*(wiederholen)*	47
ξανανοίγω	*(wiedereröffnen)*	12
ξαναπαίρνω	*(erneut nehmen)*	56
ξανασμίγω	*(erneut zusammenkommen)*	12
ξαναχτίζω / ξανακτίζω	*(wiederaufbauen)*	50
ξαναχτυπώ / ξανακτυπώ	*(wiederholt klopfen)*	4
ξανθαίνω	*(blondieren)*	19
ξανοίγω	*(heller machen, bleichen)*	12
ξαπλώνω	*(sich hinlegen)*	6
ξαρμυρίζω	*(entsalzen)*	50
ξαστερώνει ◇	*(es wird hell, es heitert sich auf)*	
ξαφνιάζω	*(überraschen)*	50
ξεβάφω	*(entfärben, abschminken)*	8
ξεβιδώνω	*(abschrauben)*	6
ξεβουλώνω	*(entkorken; (Rohre/Abfluss) reinigen)*	6
ξεβρακώνω	*((Hose) ausziehen)*	6
ξεβρομίζω	*(reinigen, säubern)*	50
ξεγελώ	*(betrügen, täuschen)*	61
ξεγεννώ	*(entbinden)*	4
ξεδένω	*(losbinden)*	44
ξεδιαλέγω	*(aussortieren)*	12
ξεδιαλύνω	*(klären)*	19
ξεδιπλώνω	*(entfalten, entrollen)*	6
ξεδιψώ	*(Durst stillen)*	61
ξεθαρρεύω	*(Mut bekommen, frech werden)*	31
ξεθεώνω	*(erschöpfen)*	6
ξεθυμαίνω	*(verfliegen, Wut auslassen)*	10
ξεκινώ	*(beginnen, anfangen)*	4
ξεκόβω	*(sich von jmdm. distanzieren)*	8
ξεκοιλιάζω	*(aufschlitzen)*	50
ξεκολλώ	*(ablösen, Abstand nehmen)*	4
ξεκουράζομαι	*(sich entspannen, ausruhen)*	66
ξεκουράζω	*(jmdn. entlasten)*	50
ξεμαλλιάζω	*(jmdm. Haare ausreißen)*	50
ξεμπλέκω	*(sich herauswinden, etw. entwirren)*	12
ξεναγώ	*(Fremde führen, herumführen)*	5
ξενυχτώ	*(die Nacht durchmachen)*	4
ξεπερνώ	*(übertreffen, überholen, überwinden)*	61
ξεπετώ	*(davonfliegen)*	63
ξεπέφτω	*(verfallen, verwahrlosen)*	50
ξεπλένω	*(ausspülen)*	52
ξεπληρώνω	*(zurückzahlen, abzahlen)*	6

Ο

πλακώνω	*(zusammendrücken, verdecken, zerschmettern)*	6
πλαταίνω	*(verbreitern)*	19
πλέκω*	*(stricken)*	12
πλένομαι	*(sich waschen)*	15
πλένω*	*(waschen)*	52
πλέω*	*(auf dem Wasser treiben)*	69
πληγώνω	*(verletzen)*	6
πληθαίνω	*(vermehren)*	19
πλημμυρίζω	*(überschwemmen)*	50
πληροφορούμαι	*(sich informieren)*	72
πληροφορώ	*(informieren)*	5
πληρώνω	*(bezahlen)*	6
πλησιάζω	*(annähern, sich nähern)*	50
πλήττω*	*(sich langweilen)*	12
πλουταίνω	*(sich bereichern)*	19
πνίγομαι	*(ertrinken, ersticken, in Arbeit ersticken)*	51
πνίγω*	*(ertränken, würgen)*	12
ποθώ	*(begehren)*	5
ποικίλλω	*(variieren, verschieden sein, verändern)*	9
πολεμώ	*(kämpfen, bekriegen)*	4
πολιορκώ	*(belagern)*	5
πολλαπλασιάζω	*(multiplizieren)*	50
ποντάρω	*(auf etw. setzen)*	59
πονώ	*(Schmerz haben, weh tun)*	68
ποτίζω	*(gießen)*	50
πουλιέμαι	*(erhältlich sein, sich bestechen lassen)*	3
πουλώ	*(verkaufen)*	4
πραγματεύομαι	*(behandeln, sich befassen)*	15
πραγματοποιούμαι	*(sich verwirklichen)*	72
πραγματοποιώ	*(verwirklichen)*	5
πρασινίζω	*(ergrünen)*	50
πράττω*	*(tun, machen)*	12
πρέπει* ◇ *(να)* Ø Aorist	*(es muss, es ist nötig)*	
προάγω Ø Aorist	*(vorwärtsbringen, versetzen, befördern)*	34
προαισθάνομαι	*(vorahnen)*	15
προβάλλω	*(vorlegen, sich zeigen, vorführen)*	9
προβλέπω	*(voraussehen)*	8
προβληματίζομαι	*(sich mit etw. intensiv beschäftigen)*	73
προβληματίζω	*(problematisieren)*	50
προδίδω	*(verraten, preisgeben)*	50
προειδοποιώ	*(warnen, vorwarnen)*	5
προέρχομαι	*(abstammen, herrühren)*	36
προηγούμαι	*(vorangehen, den Vorzug haben)*	72
προικίζω	*(ausstatten, aussteuern)*	50
προκαλώ	*(verursachen, provozieren)*	57
πρόκειται ◇ *(περί)* Ø Aorist	*(es handelt sich)*	
προλαβαίνω	*(zuvorkommen, vorbeugen, Zeit haben)*	41
προμηθεύω	*(liefern, besorgen, verschaffen)*	31
προμηνύω	*(voraussagen, ankündigen)*	50
προορίζω	*(zuweisen, bestimmen)*	50
προσανατολίζομαι	*(sich orientieren)*	73
προσαρμόζω	*(anpassen, umstellen, einstellen)*	50

προσβάλλω*	(beleidigen)	9
προσγειώνομαι	(sich der Realität stellen, landen)	15
προσδένομαι	(sich anschnallen)	15
προσδίδω*	(etw. zusätzlichen Wert beimessen)	30
προσδιορίζω	(bestimmen, festsetzen)	50
προσδοκώ	(erhoffen, erwarten)	4
προσεγγίζω	(annähern, näher bringen)	50
προσέρχομαι	(erscheinen (vor), kommen (zu), sich melden)	36
προσεύχομαι	(beten)	15
προσέχω	(aufpassen, achten)	12
προσθέτω	(hinzufügen, addieren)	50
προσκαλώ	(einladen)	57
προσκυνώ	(anbeten, sich verbeugen)	4
προσπαθώ	(versuchen)	5
προσπερνώ	(überholen)	61
προσποιούμαι	(simulieren, vortäuschen)	72
προστάζω	(befehlen)	12
προστατεύω	(beschützen)	31
προσφέρομαι	(sich anbieten)	15
προσφέρω*	(anbieten)	42
προσφεύγω	(sich wenden an)	80
προτείνω	(vorschlagen)	45
προτιμώ	(vorziehen, bevorzugen)	4
προτρέπω*	(anleiten, ermuntern, anstacheln)	8
προφέρω	(aussprechen)	42
προφταίνω	(erreichen)	44
προχωρώ	(weitergehen, vorrücken)	5
πωλείται ◇	(zu verkaufen)	

Ρ

ράβω*	(nähen, schneidern)	8
ραντίζω	(besprengen, bespritzen)	50
ρεμβάζω	(den Blick schweifen lassen)	50
ρέω*	(fließen)	69
ρημάζω	(ruinieren, verwüsten)	12
ριζώνω	(Wurzeln schlagen)	44
ρίχνω*	(werfen)	12
ρουφώ	(schlürfen)	70
ροχαλίζω	(schnarchen)	50
ρυθμίζω	(regeln, regulieren)	50
ρυμουλκώ	(abschleppen)	5
ρυπαίνω	(beschmutzen, verpesten)	10
ρωτώ	(fragen)	4

Σ

σαλτάρω	(springen)	59
σαμποτάρω	(sabotieren)	59
σαπίζω	(verfaulen, faulen)	50
σβήνω*	(löschen, ausmachen, wegradieren)	44
σέβομαι	(respektieren)	66
σερβίρομαι	(serviert, bedient werden)	73
σερβίρω	(servieren)	71

σέρνομαι	*(sich schleppen)*	15
σηκώνομαι	*(aufstehen)*	15
σηκώνω	*(heben, jmdn. wecken)*	6
σημαδεύω	*(kennzeichnen, markieren, zielen)*	31
σημαίνω	*(bedeuten, läuten)*	10
σημειώνω	*(notieren)*	6
σιγουρεύω	*(sichern, sich vergewissern)*	31
σιδερώνω	*(bügeln)*	6
σιχαίνομαι	*(sich ekeln)*	15
σιωπώ	*(schweigen)*	4
σκάβω*	*(graben)*	8
σκαλίζω	*(kratzen, scharren)*	50
σκαρφαλώνω	*(klettern)*	6
σκαρώνω	*(aushecken, erfinden)*	6
σκάζω*/σκάω*	*(zerspringen, platzen)*	50
σκεπάζομαι	*(sich zudecken)*	66
σκεπάζω	*(zudecken, verhüllen, vertuschen)*	50
σκέφτομαι	*(denken, nachdenken, überlegen)*	15
σκίζω*	*(zerreißen)*	50
σκλαβώνω	*(jmdn. zum Sklaven machen)*	6
σκληραίνω	*(härter machen)*	19
σκοντάφτω	*(stolpern)*	8
σκοπεύω	*(zielen, vorhaben)*	14
σκορπίζω	*(verstreuen)*	50
σκοτεινιάζει ◇	*(es wird dunkel)*	
σκοτώνω	*(töten)*	6
σκουπίζομαι	*(sich abtrocknen)*	73
σκουπίζω	*(trocknen, fegen, wischen)*	50
σκουραίνω	*(dunkler werden/machen)*	19
σκύβω*	*(bücken, neigen)*	8
σμίγω*	*(sich treffen)*	12
σουρουπώνει ◇	*(es wird dunkel, es dämmert)*	
σπάζω*	*(brechen, kaputt machen)*	50
σπανίζω	*(knapp, selten sein)*	50
σπαταλώ	*(verschwenden, vergeuden)*	4
σπέρνω*/σπείρω	*(säen, ausstreuen)*	27
σπεύδω*	*(sich beeilen)*	50
σπουδάζω	*(studieren)*	50
σπρώχνομαι	*(sich durchdrängeln)*	15
σπρώχνω*	*(schieben, stoßen)*	12
στάζω*	*(tropfen)*	12
σταθμεύω	*(parken, abstellen)*	14
σταματώ	*(anhalten, zum Stehen bringen)*	4
σταυρώνομαι	*(gekreuzigt werden, sich bekreuzigen)*	15
σταυρώνω	*(kreuzigen)*	6
στεγάζω	*(bedecken, behausen)*	50
στεγνώνω	*(trocknen)*	6
στέκομαι	*(stehen)*	51
στέλνω* / στέλλω	*(senden, schicken)*	9
στενεύω	*(enger werden, verengen)*	31
στενοχωριέμαι	*(sich abquälen, Sorgen machen)*	3
στενοχωρώ / στεναχωρώ	*(jmdn. traurig machen)*	5

συνεφέρνω	*(jmdn. wiederbeleben, ins Leben zurückholen)*	42
συνεχίζω	*(weitermachen)*	50
συνηθίζω ◇	*((sich) gewöhnen, sich einleben)*	50
συνθέτω*	*(komponieren)*	50
συνιστώ	*(empfehlen)*	4
συνοδεύομαι	*(begleitet werden)*	15
συνοδεύω	*(begleiten)*	31
συνορεύω	*(angrenzen)*	31/14
συνταξιοδοτούμαι	*(in die Rente gehen)*	71
συντελώ	*(bewirken)*	57
συντηρώ	*(erhalten, unterhalten, konservieren)*	5
συντομεύω	*(beschleunigen, sich kurz fassen)*	14
συντονίζω	*(koordinieren)*	50
συντρίβω	*(zermalmen)*	8
συντροφεύω	*(begleiten, Gesellschaft leisten)*	31
συνωμοτώ	*(sich verschwören)*	5
συσσωρεύω	*(anhäufen, akkumulieren)*	14
συσταίνομαι / συστήνομαι	*(sich vorstellen)*	15
συσταίνω / συστήνω	*(empfehlen, vorstellen)*	17
συχνάζω	*(sich aufhalten, verkehren)*	50
σφάζω*	*(schlachten, stechen, massakrieren)*	12
σφαλίζω	*(versichern, zuschließen)*	50
σφάλλω*	*(einen Fehler machen)*	9
σφίγγομαι	*(sich zusammennehmen, einschnüren)*	15
σφίγγω*	*(drücken, pressen, festziehen)*	12
σφραγίζω	*(versiegeln)*	50
σφυρίζω	*(pfeifen)*	12
σφυροκοπώ	*(schmieden)*	5
σχεδιάζω	*(planen, zeichnen)*	50
σχηματίζομαι	*(sich formen)*	73
σχηματίζω	*(formen, bilden)*	50
σχίζω	*(zerreißen)*	50
σχολιάζω	*(beurteilen, erläutern, kommentieren)*	50
σχολώ	*(entlassen, beenden)*	61
σώζομαι	*(sich retten)*	15
σώζω*	*(retten)*	50
σωπαίνω	*(schweigen)*	75
σωριάζομαι	*(zusammenbrechen)*	66

T

ταΐζω	*(füttern)*	50
ταιριάζω	*(zusammenpassen)*	12
τακτοποιώ / ταχτοποιώ	*(in Ordnung bringen)*	5
ταλαιπωρώ	*(quälen, strapazieren)*	5
ταλαντεύω	*(schwanken)*	14
ταξιδεύω	*(reisen, fahren)*	31
ταράζω	*(rütteln, schütteln)*	12
ταυτίζω	*(gleichsetzen, identifizieren)*	50
τείνω*	*(tendieren)*	45
τελειώνω	*(beenden)*	6
τεντώνω	*(spannen, ausstrecken, straffziehen)*	6
τερματίζω	*(beenden)*	50

τηγανίζω	*(braten)*	50
τηλεγραφώ	*(telegrafieren)*	5
τηλεφωνώ	*(anrufen, telefonieren)*	5
τιμώ	*(ehren)*	4
τιμωρώ	*(bestrafen)*	5
τινάζομαι	*(sich schütteln, an die Luft springen)*	15
τινάζω	*(abschütteln)*	12
τολμώ	*(wagen)*	4
τονίζω	*(betonen)*	50
τονώνω	*(verstärken, bestärken)*	6
τοποθετώ	*(etw. hinlegen, an seinen Platz bringen)*	5
τουρτουρίζω	*(zittern, frieren)*	50
τουφεκίζω	*(schießen, erschießen)*	50
τραβιέμαι	*(gezogen werden, Platz machen)*	62
τραβολογώ	*(jmdn. ziehen, sich mit etwas plagen)*	5
τραβώ	*(ziehen, jmdn. anziehen)*	70
τραγουδώ	*(singen)*	4
τρακάρω	*(zusammenstoßen)*	59
τραντάζω	*(rütteln)*	12
τραυματίζομαι	*(sich verletzen)*	73
τραυματίζω	*(verletzen)*	50
τρελαίνομαι	*(verrückt werden)*	15
τρελαίνω	*(verrückt machen)*	10
τρεμοσβήνω	*(flackern)*	44
τρέμω* Ø Aorist	*(zittern, sich fürchten)*	45
τρέφω*	*(ernähren)*	8
τρέχω*	*(laufen, rennen)*	12
τριγυρίζω	*(herumschleichen)*	28
τρίζω*	*(knirschen, knarren)*	12
τρομάζω	*(erschrecken)*	12
τρομοκρατώ	*(terrorisieren)*	5
τροφοδοτώ	*(verpflegen, versorgen)*	5
τροχίζω	*(schärfen)*	50
τρυγώ	*(Wein lesen)*	4
τρυπώ	*(bohren, löchern)*	4
τρυπώνω	*(sich verstecken)*	6
τρώ(γ)ω	*(essen)*	76
τσακίζομαι	*(zerbrechen, brechen)*	73
τσακίζω	*(brechen, falten)*	50
τσακώνομαι	*(sich streiten)*	15
τσακώνω	*(greifen, ertappen)*	6
τσαλακώνω	*(zerknittern, zerzausen)*	6
τσιμπώ	*(beißen, kneifen)*	4
τσουγκρίζω	*(anstoßen, zusammenstoßen)*	50
τσούζω*	*(brennen)*	12
τσουλώ	*(sich wälzen, rollen)*	4
τυλίγω*	*(einwickeln)*	12
τυραννώ	*(tyrannisieren)*	5
τυφλώνομαι	*(erblinden)*	15
τυφλώνω	*(blind machen, blenden, verblenden)*	6
τυχαίνω* (να)	*(zustoßen, zufällig geschehen, betroffen werden)*	77

Υ

υγειαίνω Ø Imperfekt, Aorist	*(bei guter Gesundheit sein)*	45
υιοθετώ	*(adoptieren)*	5
υμνώ	*(besingen, lobpreisen)*	5
υπαγορεύω	*(diktieren)*	14
υπακούω	*(gehorchen)*	7
υπάρχω*	*(existieren)*	12
υπενθυμίζω	*(jmdn. an etw. erinnern)*	50
υπερβάλλω*	*(übertreiben)*	9
υπερηφανεύομαι	*(stolz sein, sich brüsten)*	15
υπηρετώ	*(dienen)*	5
υπογραμμίζω	*(unterstreichen)*	50
υπογράφω*	*(unterschreiben)*	8
υποδεικνύω*	***(hinweisen, vorschlagen)***	**78**
υποθέτω	*(annehmen, vermuten)*	50
υποκλίνομαι	*(sich verbeugen, verneigen)*	15
υποκύπτω*	*(sich beugen, fügen)*	8
υπολογίζω	*(rechnen, ausrechnen, berechnen)*	50
υπομένω*	*(geduldens, erdulden, aushalten)*	49
υποστηρίζω	*(unterstützen)*	12
υπόσχομαι	*(versprechen)* Konjugation wie **απομακρύνομαι**, aber vor den Verb-Endungen, die mit **θ** beginnen, wird der Vokal **ε** eingefügt. Partizip: **όμενος;** Aorist: **έθηκα**	15
υποτάσσω*	*(jmdn. unterjochen, unterwerfen)*	12
υποτίθεται ◇	*(man nimmt an)*	
υποτιμώ	*(unterschätzen)*	4
υποτιμώμαι	*(unterschätzt werden)*	32
υποφέρω*	*(leiden)*	42
υποχρεώνομαι	*(sich verpflichten)*	15
υποχρεώνω	*(jmdn. verpflichten, nötigen, zwingen)*	6
υποχωρώ	*(zurückweichen, sich zurückziehen, nachgeben)*	5
υφαίνω	*(weben)*	10
υφίσταμαι	***(aushalten, bestehen, sich unterziehen)***	**79**
υψώνω	*(aufrichten, aufstellen, anheben)*	6

Φ

φαίνεται ◇ *(μου)*	*(es scheint)*	
φαίνομαι	*(scheinen, erscheinen)*	51
φανερώνω	*(offenbaren, sichtbar machen)*	6
φαντάζομαι	*(sich vorstellen, sich einbilden)*	66
φαρδαίνω	*(verbreitern, breit werden)*	19
φέγγει ◇	*(es wird langsam hell)*	
φέγγω*	*(leuchten, scheinen, beleuchten)*	12
φέρνω*	*(bringen, mitbringen, holen)*	42
φέρομαι	*(sich benehmen)*	15
φεύγω*	***(weggehen, abfahren)***	**80**
φημίζομαι	*(bekannt, berühmt sein)*	73
φθάνω	*(erreichen, einholen, ankommen)*	44
φθείρω* Ø Aorist	*(abtragen, verschleißen)*	42
φιλοδοξώ	*(strebsam, ehrgeizig sein)*	5
φιλοδωρώ	*(Trinkgeld geben)*	5

φιλοξενώ	*(gastfreundlich sein, aufnehmen)*	5
φιλοσοφώ	*(philosophieren)*	5
φιλοτεχνώ	*(kunstvoll bearbeiten)*	5
φιλώ	*(küssen)*	4
φοβάμαι/φοβούμαι	*(Angst haben, sich fürchten, befürchten)*	46
φοβερίζω	*(drohen, Angst machen)*	50
φοιτώ	*(studieren)*	4
φορτώνω	*(beladen)*	6
φορώ	*(anziehen)*	68
φουντώνω	*(wuchern, aufbrausen)*	6
φουσκώνω	*(aufpumpen, anschwellen, aufgehen)*	6
φράζω* / φράσσω*	*(einzäunen, versperren)*	12
φρενάρω	*(bremsen)*	59
φρεσκάρω	*(erfrischen)*	59
φροντίζω	*(kümmern, pflegen)*	50
φρουρώ	*(wachen)*	5
φταίω*	*(Schuld haben, einen Fehler begehen)*	81
φτάνω*	*(ankommen, erreichen)*	44
φταρνίζομαι	*(niesen)*	73
φτερουγίζω	*(flattern)*	50
φτιάχνω*	*(schaffen, reparieren)*	12
φτωχαίνω	*(verarmen)*	19
φυλακίζω	*(einsperren, inhaftieren)*	50
φυλώ / φυλάσσω	*(bewahren, schützen)*	12
φυσώ ◇	*(pusten, blasen)*	70
φυτεύω	*(pflanzen)*	31
φυτρώνω	*(sprießen)*	6
φωλιάζω	*(nisten, Geborgenheit finden)*	50
φωνάζω	*(rufen, schreien)*	12
φωτίζω	*(erleuchten, beleuchten)*	50
φωτογραφίζω	*(fotografieren)*	50
φωτοτυπώ	*(fotokopieren)*	5

Χ

χαζεύω	*(herumbummeln, gaffen)*	31
χαϊδεύω	*(streicheln, verwöhnen)*	31
χαιρετώ	*(grüßen)*	4
χαίρομαι	*(sich freuen)*	51
χαλαρώνω	*(entspannen, lockern)*	6
χαλώ	*(zerstören, kaputt machen, verderben)*	61
χαμηλώνω	*(senken, schwächer werden)*	6
χαμογελώ	*(lächeln)*	61
χαμπαρίζω / χαμπαριάζω	*(Ahnung haben)*	50
χάνομαι	*(verloren sein, verloren gehen, sich verlieren)*	15
χάνω*	*(verlieren, verpassen)*	44
χαράζει ◇	*(es dämmert)*	
χαράζω	*(gravieren, einritzen)*	12
χαρακτηρίζω	*(charakterisieren)*	50
χαρίζω	*(schenken)*	50
χασμουριέμαι	*(gähnen)*	3
χάφτω*	*(verschlingen, schlucken; glauben, hinnehmen)*	8
χειμωνιάζει ◇	*(es wird Winter)*	

χειρονομώ	*(gestikulieren)*	5
χιονίζει ◇	*(es schneit)*	
χοντραίνω	*(dick werden)*	19
χορεύω	*(tanzen)*	31
χορηγώ	*(bezuschussen, zuteilen, gewähren)*	5
χοροπηδώ	*(vor Freude springen)*	4
χορταίνω	*(satt werden)*	75
χρειάζομαι	*(brauchen, benötigen)*	66
χρεώνω	*(anschreiben, belasten)*	6
χρηματοδοτώ	*(finanzieren)*	5
χρησιμεύω	*(nützlich sein)*	31/14
χρησιμοποιώ	*(benutzen, gebrauchen)*	5
χρονολογώ	*(datieren)*	5
χρονομετρώ	*(Zeit messen)*	5
χρονοτριβώ	*(sich aufhalten, Zeit verlieren)*	5
χτενίζομαι	*(sich kämmen)*	73
χτίζω* / κτίζω*	*(bauen)*	50
χτυπώ / κτυπώ	*(klopfen, schlagen)*	4
χύνω*	*(ausschütten, verschütten)*	44
χωνεύω	*(verdauen, ausstehen können)*	31
χωρίζω	*(teilen; sich scheiden lassen, trennen)*	50
χωρώ	*(Platz haben, Platz finden)*	68

Ψ

ψαλιδίζω	*(zerschneiden)*	50
ψαρεύω	*(fischen)*	31
ψάχνω*	*(suchen)*	12
ψαχουλεύω	*(untersuchen, herumsuchen)*	31
ψειρίζω	*(entlausen)*	50
ψεκάζω	*(bespritzen, besprühen, zerstreuen)*	50
ψελλίζω	*(stottern, lispeln)*	50
ψέλνω*	*((in der Kirche) singen)*	82
ψευδίζω	*(undeutlich sprechen, stottern, lispeln)*	50
ψηλαφίζω	*(betasten)*	50
ψηλώνω	*(groß werden, in die Höhe wachsen)*	6
ψήνω* / ψένω*	*(grillen)*	44
ψηφίζω	*(wählen)*	50
ψιθυρίζω	*(flüstern)*	50
ψιχαλίζει ◇	*(es nieselt)*	
ψοφώ	*((Tiere) krepieren)*	4
ψυχολογώ	*(psychologisieren, jmdn. einschätzen)*	5
ψυχοπλακώνω	*(jmdn. psychisch belasten)*	6
ψυχραίνω	*(kühl werden)*	10
ψωνίζω	*(einkaufen)*	50

Ω

ωθώ	*(schieben, stoßen)*	5
ωριμάζω	*(reifen)*	50
ωφελώ	*(nützen)*	5
ωχραίνω	*(erbleichen)*	10